A Ann,

Bonne année 92.

Amitiés.

Christine.

« MÉMOIRE VIVE »
Collection dirigée par Florence Trystram

DU MÊME AUTEUR

Dans la même collection

MARIE DES BREBIS, 1989

Aux Éditions Robert Laffont

LES CAILLOUX BLEUS, 1984
LES MENTHES SAUVAGES, 1985
LES CHEMINS D'ÉTOILES, 1987
LES AMANDIERS FLEURISSAIENT ROUGE, 1988
LA RIVIÈRE ESPÉRANCE, 1990

CHRISTIAN SIGNOL

ANTONIN
PAYSAN DU CAUSSE

(1897-1974)

SEGHERS

Photo couverture : M. Roger-Viollet

ISBN 2-232-10356-0

Écoutez ! C'est le vieux paysan qui s'en vient vers nous du fond des temps, avec son bâton à la main et sa silencieuse fidélité dans l'âme ! Il vient vers nous ; mais c'est nous qui venons aussi de lui. Nous sommes son sang et son âme et son viril amour du sol ! Nous venons de lui avec nos âmes pleines ! Nous sommes ce vieil homme ! Nous ne sommes que lui !

La terre qui vivra le plus longtemps, c'est celle qui a toujours vécu. Ce vieux sol français où tant de dépouilles et de souvenirs humains reposent avec éternité, cette terre antique, fouillée et dépecée, chargée de ses âges innombrables a autant de destinées qu'elle a de passé ; et elle porte autant de forces vives qu'elle a de morts en elle. Ce qui nous défend, ce qui nous assure l'avenir, c'est cette vieillesse. Notre petite terre des Gaules n'a de grandeur que son passé ; mais son avenir mesure l'immensité des souvenirs. Ses réalités sont établies non sur l'espace, mais sur le temps et la durée ; et, venues du plus loin des origines, elles iront jusqu'aux fins humaines.

GASTON ROUPNEL
(*Histoire de la campagne française*)

INTRODUCTION

Si d'aventure vous empruntez la nationale 20 qui relie Paris à Toulouse et, au-delà, à la Méditerranée ou aux Pyrénées, dès que vous aurez traversé la Corrèze et Brive qui ouvre les portes du Midi, ralentissez ! Un panneau vous indiquera bientôt que vous pénétrez dans le département du Lot, « terre des merveilles ». Un peu plus loin, vous rencontrerez une bourgade du nom de Cressensac. Traversez-la lentement et redoublez d'attention ; au bout de la ligne droite qui suit, il vous faudra choisir : ou bien rester sur la nationale 20 en direction de Toulouse, ou bien prendre sur la gauche l'axe Brive-Méditerranée par Martel, Gramat, Figeac, Rodez, Millau et la mer. Sachez bien que si vous prenez à gauche, vous n'irez plus jusqu'à la mer. Plus jamais. Il suffira que vous vous arrêtiez sur le bord de la route, que vous baissiez la vitre... Entendez-vous ? Non ! Vous ne rêvez pas, ce sont les cigales. Ici ? Des cigales ? Eh bien, oui, tout simplement parce que vous avez rencontré le calcaire des Causses et que les cigales n'aiment que lui. Vous sentirez alors le parfum des genévriers et de la mousse des chênes, vous apercevrez les murs en pierres plates que nous appelons des lauzes, vous arriverez chez Antonin, vous entrerez dans ce livre qui est le sien, plus que le mien.

Il faudra prendre votre temps, car les causses du Quercy, il faut les parcourir lentement, avec mille précautions, il faut les caresser, les apprivoiser comme un animal de compagnie dont la confiance se mérite. Alors n'hésitez pas à descendre de voiture. C'est l'été, il fait beau. Vous êtes dans le domaine des bois habités, des maisons aux murs orangés, des troupeaux de brebis, des grandes caries calcaires, des sentiers qui s'en vont nulle part, du ciel blanc, des villages serrés autour de leur église comme un troupeau autour d'un pastre, vous êtes dans le domaine du vent. Pas n'importe lequel. C'est un petit vent qui caresse et qui parle à qui sait l'écouter. Un vent, aussi, qui sent la truffe, qui a la couleur de l'eau des sources, à peine bleuté, et qui est frais, même en été. Vous êtes dans la Provence du Sud-Ouest, mais avec plus de sauvage beauté, plus de mystères. Pourquoi ? Parce que, ici, il y a des bois et que, au fond de ces bois, il y a les fées. Lesquelles ? Je ne vous le dirai pas. Ça ne se fait pas. Sachez seulement qu'elles vivent là depuis que nos ancêtres les ont accueillies au lieu de les chasser. Ce qui prouve leur sens de l'hospitalité, ou du merveilleux. En tout cas, elles sont restées. Qui s'en plaindrait ?

Même en roulant lentement, il ne vous faudra pas une heure pour arriver à Martel, ville chargée d'histoire s'il en est, puisqu'elle a été fondée par Charles du même nom, quelques années après Poitiers (732), lequel, dit-on, poursuivit les Arabes jusque dans ces plateaux du haut Quercy. Henri « Court-Mantel », fils aîné d'Aliénor d'Aquitaine et frère de Richard

Cœur de Lion, y mourut quelques années plus tard, après avoir pillé Rocamadour. Vous marcherez sur les traces de la fougueuse reine de France et d'Angleterre dans les ruelles, et vous entendrez le pas des chevaux entrant dans l'hôtel de la Raymondie construit par le terrible vicomte de Turenne. Si, malgré la beauté de la ville et ses sept tours qui retiennent merveilleusement les rayons du soleil couchant, vous poursuivez votre route, vous plongerez rapidement vers la vallée de la Dordogne, qui est notre Durance à nous. Dans cette vallée, en 51 avant Jésus-Christ, à deux ou trois kilomètres vers l'est, Uxellodunum, oppidum de la tribu cadurque, fut la dernière place forte à se rendre à César. Verte vallée, au demeurant, dont les vergers, les maïs, les tabacs et les blés éclaboussent de leur opulence des falaises crayeuses et des à-pic vertigineux au-dessus desquels croisent des rapaces aux yeux d'or. Un autre monde. Aussi lumineux mais plus profond, à cause des verts changeants et de la blondeur des maïs. Ce monde-là s'accroche aux fils d'argent de la rivière que vous traverserez à Gluges, sur un pont suspendu, avant de remonter vers le cirque de Montvalent, qui, lui, ouvre les portes du causse de Gramat.

A peine aurez-vous perdu de vue la Dordogne que les chênes nains et les genévriers auront grignoté la verdure. Mêmes parfums, mêmes couleurs, même lumière que sur le causse de Martel. Vous êtes bien sur la terre des merveilles : Rignac, Padirac, Gramat, Rocamadour, Couzou, Issendolus, Calès, Labastide-Murat vous le diront. Ici, longtemps, le temps n'a pas existé. Sans doute jusqu'au milieu de ce siècle. Les pierres le retenaient prisonnier. Car ces causses du haut Quercy sont avant tout le royaume de la plus ancienne des paysanneries occidentales, celle qui croyait que le temps n'était rien, puisque les pierres du commencement du monde, elles, étaient toujours là. Et les maisons des siècles précédents par la force des choses. Je ne parle pas ici des maisons de maître, mais de celles qui ont abrité des milliers de paysans du causse. Basses et accrochées au sol de toutes leurs forces, couvertes de lauzes ou de tuiles rousses, elles n'avaient pour plancher que de la terre battue. Peu de meubles : un vaisselier, une armoire, une table, une maie à farine, des lits en bois de noyer dans la chambre. Des fenêtres étroites, peu de lumière à l'intérieur, sinon celle du cantou et du calel. Quelques ustensiles : une crémaillère, des landiers de fer, un soufflet pour attiser les braises, un trépied, deux bancs paillés de chaque côté de l'âtre, deux bancs de hêtre poli de part et d'autre de la table, au bout de laquelle un profond tiroir contenait la tourte de pain entamée. Telles elles étaient, telles elles demeurent. Du moins si elles n'ont pas été rachetées par les gens des villes, les Anglais ou les Hollandais, ces Huns contemporains qui colonisent les pierres, pourvu qu'elles fument au soleil. Mais cela est une autre histoire.

Ces causses sont aussi terre de légendes et de superstitions : j'ai déjà parlé des fées des forêts qui venaient se pencher sur les berceaux ou dansaient à la clarté de la lune avant de poursuivre les voyageurs isolés, mais je ne saurais oublier les loups-garous des nuits de pleine lune qui dévoraient le premier être de rencontre, fût-il son propre enfant, ni le Drac, qui, lui, était plutôt un génie malin qui aimait à se déguiser pour mieux tromper les gens, surtout en chèvre blanche. Que dire de ceux et de celles qui portaient le mauvais œil, sinon qu'ils étaient détenteurs de secrets dont la révélation s'effectuait au travers de la pratique d'une sorcellerie de tradition séculaire ? De ces traditions découlaient des règles que l'on évitait de transgresser : ne pas couper du bois à la nouvelle lune, semer l'avoine à la lune vieille, les pommes de terre à la nouvelle. Se méfier du premier jour de la lune d'avril, de funeste mémoire : Caïn tua son frère Abel à cette date-là. Ne rien semer le premier jour de la lune d'août, qui est celui où Adam mangea le fruit défendu. Tuer le hibou qui chante près de la maison, ne jamais placer fourchette et couteau en croix, tracer ce signe sur le pain avant de l'entamer, etc.

Qui étaient donc les hommes et les femmes de ce temps-là ? C'étaient avant tout des êtres qui travaillaient de leurs mains depuis l'aube jusqu'à la nuit, qui vivaient de soupe de pain, de gâteaux de maïs ou de crêpes de blé noir. C'étaient des hommes et des femmes dont les conditions de vie nous paraissent aujourd'hui inimaginables par leur dureté et par leur dénuement, mais qui savaient être joyeux. Ils portaient en effet en eux ce que nous avons perdu : le sens de la fête, qu'elle soit religieuse ou païenne : fêtes votives, fêtes de la moisson, des vendanges, de la Saint-Jean, de carnaval, de Noël, des rogations, etc. Mais ce sens de la fête et de la vie en communauté s'exprimait surtout lors des veillées d'hiver, à l'occasion du dénoisillage ou de l'effeuillage du maïs : ils buvaient du vin chaud, ils dansaient après le travail, ils racontaient des contes, des histoires ou des légendes dont leur propre enfance avait été nourrie.

Les hommes étaient vêtus d'un pantalon de toile ou de laine grossière retenu à la taille par une ceinture de flanelle, d'un tricot et d'une chemise épaisse parfois recouverts d'une blouse, portaient un chapeau de paille l'été, un chapeau de feutre ou une casquette l'hiver et étaient chaussés de sabots. Les femmes, elles, étaient noires de la tête aux pieds : sabots, bas, robes longues, tabliers (*lou devantal*), pèlerines ; seule la coiffe parfois, avant 1900, donnait un peu de fantaisie aux visages sévères et aux yeux sombres. Ils ne craignaient que trois choses : la faim, la maladie et la guerre que leur envoyaient les puissants, un jour, sans que l'on sache pourquoi, sinon qu'ils en avaient ainsi décidé. Je me rappelle à ce sujet le message que m'a transmis ma grand-mère et qu'elle tenait elle-même de sa mère ou de sa propre grand-mère : « Petits, Dieu vous préserve de revenir au temps des rois. » Elle me l'a répété avec tant de gravité dans la voix que je ne m'en souviens jamais sans émotion.

Ainsi vivait-on à la fin du siècle dernier et au début du XXe. Ainsi vivaient Adrien et Philomène, mes personnages des *Cailloux bleus*, sur le causse de Gramat, ainsi vivait Antonin, ainsi vivaient les miens. Tous ceux de ma famille, en effet, ont vécu du travail de la terre avant 1914. Je ne dis pas de la terre, car ils ne la possédaient pas. Mais de son travail. Et c'est par ma famille maternelle que je suis originaire du causse de Martel, ce causse où tous les villages se ressemblent : Lasvaux, Paunac, Strenquels, Sarrazac, L'Hôpital-Saint-Jean (où faisaient halte les pèlerins en route pour Rocamadour et Saint-Jacques-de-Compostelle). Les Bories, le village d'Antonin, est l'un d'eux. Je l'ai débaptisé pour le rendre plus symbolique : c'est le village typique de ce causse. Par ma famille paternelle, je suis originaire du Périgord cher à Eugène Le Roy et j'aime à penser qu'un peu de sang de Jacquou le Croquant coule dans mes veines. Je ne m'éloigne pas de mon propos : je veux simplement indiquer par ce détour que, n'étant pas moi-même paysan, je connais de l'intérieur l'âme paysanne. C'est pourquoi je me suis depuis toujours autorisé à parler d'eux, à parler d'Antonin, de Philomène et d'Adrien, à leur prêter mon écriture pour qu'ils ne restent pas inconnus, qu'ils continuent de vivre parmi nous, pour que vous les aimiez comme je les aime.

C.S.

PREMIÈRE PARTIE

1.

Antonin Laforgue naquit le 2 novembre 1897 à six heures du matin dans le village des Bories, sur les causses du haut Quercy. Ce village était alors, au début de ce siècle, quelques demeures plantées à flanc de rocher, misérables bâtisses juchées sur un plateau désertique d'où l'on apercevait, par grand soleil, une verte vallée arrosée de ruisseaux à eaux vives.

Une vingtaine de familles habitaient là, parmi lesquelles un forgeron, un maçon, un tailleur, une couturière, un sabotier, un charron et un menuisier qui faisait aussi office de barbier le samedi soir sur la placette. Tous cultivaient un peu de vigne, de seigle et de blé, obtenaient quelques revenus de leurs noyers, élevaient des brebis et des chèvres qu'ils faisaient paître dans les grèzes brûlées par le soleil, en s'abritant à l'intérieur de petite huttes en pierres plates, appelées, précisément, des bories.

Du fait de sa naissance le jour des morts, Antonin était un « armotier ». En effet, une croyance d'alors voulait que les enfants nés ce jour-là eussent des rapports avec les âmes des défunts. De plus, on les jugeait capables d'indiquer à ceux qui les consultaient l'état de bonheur ou de souffrance de leurs parents disparus. Antonin était bien effrayé de cette faculté qu'on lui prêtait, n'ayant jamais tenu la moindre conversation avec un défunt, qu'il fût ou non de sa famille. Mais cela ne l'empêchait pas d'agir comme tous les enfants de son âge, notamment de cacher chacune de ses dents de lait dans quelques trous de mur, ce qui lui permettrait, selon sa propre mère, d'aller les reprendre après sa mort s'il avait trouvé grâce auprès du Bon Dieu.

Ce fut une voisine qui aida à le mettre au monde, et non pas l'une de ces rares sages-femmes que l'on appelait en dernier recours, pour éviter d'avoir à les payer. Mais sa mère avait pris la précaution, quelques jours avant la délivrance, d'aller allumer un cierge à l'église, sur l'autel de la Vierge Marie. Ainsi s'attirait-on les bonnes grâces du ciel pour un événement qui provoquait, hélas ! la disparition de trop de jeunes femmes. Une fois qu'il eut poussé ses premiers cris, on le lava à l'eau tiède puis on l'emmaillota dans une pièce de toile, elle-même recouverte par une large bande de coton. On posa sur sa tête un petit bonnet blanc : un couffet, et dès lors on n'aperçut plus de lui que ses mains, ses yeux, son nez et sa bouche.

Le baptême eut lieu deux mois plus tard, et ce fut seulement au terme de ce délai, une fois l'enfant purifié par le sacrement, que ses grands-parents consentirent à l'embrasser. Il fut porté sur les fonts baptismaux par sa marraine, une des sœurs de sa mère, prénommée Ida, qui se garda bien d'entrer dans le sanctuaire par la petite porte, ce qui risquait d'attirer le malheur sur le bébé. A la sortie de la petite église romane, le parrain lança aux gamins qui attendaient deux ou trois poignées de dragées qu'ils se disputèrent en criant. Lors du repas qui suivit le baptême, son père porta aux lèvres d'Antonin un peu de ce vin qui était censé lui assurer vigueur et santé.

Dans la semaine qui avait précédé la cérémonie du baptême, sa mère s'était présentée à l'église un peu avant l'heure de l'office du matin pour les relevailles. Au fond de l'église, un cierge à la main, elle s'était avancée vers l'autel, où le curé lui avait donné la bénédiction nécessaire à sa propre purification. C'était elle qui, avant l'accouchement, avait confectionné un matelas pour le berceau, avec des feuilles de maïs. Ce berceau, le père Laforgue l'avait construit de ses mains, en bois de noyer : il reposait par terre sur deux pièces taillées en arc de cercle, ce qui permettait à la mère, tout en tricotant, de faire balancer doucement le berceau en appuyant du pied sur l'un des montants. Pour allaiter Antonin, elle le prenait tout emmailloté sur ses genoux et lui chantait l'une de ces berceuses qui apaisent les tout-petits :

Frère Jacques,
frère Jacques,
dormez-vous ?
Dormez-vous ?
Sonnez les matines,
sonnez les matines,
ding, ding, dong.

Parfois, elle lui racontait des histoires, prenait la petite main de l'enfant dans la sienne, relevait les doigts un par un en disant : « *Un lévroté es vingu din la ménoté* », ce qui signifiait : « Un lapin est venu dans la petite main », et elle continuait en désignant les doigts :

« Celui-là l'a vu, celui-là l'a attrapé, celui-là l'a tué, celui-là l'a mangé, et le petit, qui en voulait tant, n'en a pas eu du tout, du tout, du tout. » À ce moment-là, elle chatouillait de son index l'intérieur de la petite main, ce qui faisait sourire Antonin.

Elle connaissait des dizaines de comptines naïves dont la musique importait plus que les mots, des chansons de jeune fille qu'elle fredonnait en travaillant, des prières qu'elle murmurait en se signant furtivement et dans lesquelles elle demandait au Bon Dieu de veiller sur les siens et sur elle. Mais elle était beaucoup plus riche en chansons qu'en lait, la pauvre, et comme il n'était pas question de payer une nourrice, Antonin fut nourri, tout enfant, au lait de chèvre. Cela ne l'empêcha pas, bien que l'on dît ce lait trop fort pour les « pitchounets », de dépasser les soixante-dix ans après avoir travaillé chaque jour de sa vie.

Dès qu'il fut en âge de marcher, son père porta lui-même chez le sabotier la bille de bouleau de ses premiers sabots, puis le forgeron y cloua des « ferrasses » qui accrochaient si bien le sol gelé, l'hiver, quand soufflait le vent des loups. Le fait qu'il fût un « armotier » ne rebutait pas les enfants du village, qui, au contraire, aimaient sa compagnie. Leurs jeux étaient les plus divers, mais ils aimaient beaucoup le *rescondut* (cache-cache) et usaient d'une comptine pour désigner celui qui chercherait les autres :

« *Uno fedo bonudo bonada o fat oun ognel bonut bonal, lebo lo cuyo, s'en bay del prat.* »

Une brebis cornée cornue a fait un agneau corné cornu, lève la queue, s'en va dans le pré.

Ils aimaient également fabriquer des « coromelles », qui étaient des tiges de seigle ou de pissenlit incisées d'une entaille. En portant à la bouche ces tiges ainsi coupées, ils en tiraient un petit son grinçant, semblable à celui d'un chaton qui pleure. Et comme chaque « coromelle » ne donnait que cinq ou six sons, il fallait en fabriquer une autre, puis une autre, et cela les occupait longtemps, si longtemps que parfois ils en oubliaient l'heure et se faisaient gronder en rentrant. En outre, comme rares étaient les poupées ou les jeux de dominos, les enfants de cette époque devenaient naturellement inventifs et adroits de leurs mains. Aidés par leur père, ils construisaient des crèches de Noël, des cabanes dans les bois de chênes, des carrioles aux roues de bois qu'ils tiraient chacun leur tour en imitant les chevaux.

Ils ne jouaient pas tout le temps, mais gardaient aussi les brebis et les chèvres, ce qui laissait leur esprit disponible. Ils s'arrangeaient pour se rapprocher d'un autre troupeau, s'asseyaient avec le pastre à l'ombre d'un genévrier, et ils parlaient, et ils parlaient, compensant les longs moments de silence, à la maison, où le père ne tolérait pas que l'on prît la parole sans sa permission. Alors, sur le plateau désert, que de devinettes reçues, données, inventées pour le seul plaisir de les entendre :

« *Quatre douymoysellos sount dins oun prat,*
pléou mais sé trempount pas,
qu'es oco ? »

Quatre demoiselles sont dans un pré,
il pleut, mais elles ne se mouillent pas,
qui sont-elles ?

Le pastre triomphait : « Les pis des brebis ! »

Ou encore : « *Qu'es oco que trempo soun borbichou per ona béouré ?* »

C'était la chèvre, tout simplement.

Mais ils passaient plus de temps à travailler qu'à s'amuser, les enfants du causse, et dès leur plus jeune âge. Dès qu'ils savaient marcher, ils suivaient leur mère dans les champs, accrochés à son tablier, ou l'accompagnaient à la corvée d'eau. Car l'eau, sur le causse, était un bien précieux, sans doute aussi précieux que le pain. Et le père Laforgue se levait souvent, la nuit, pour écouter la pluie chanter sur les tuiles de la maison. En effet, il redoutait la sécheresse qui sévissait chaque fin d'été quand il n'avait pas plu suffisamment pendant l'hiver ou le printemps. Il s'agissait même d'une hantise, car il avait souffert du manque d'eau toute sa vie. Enfant, Antonin entendait quelquefois une voix dans l'ombre :

— Petit, réveille-toi, écoute.

Antonin ouvrait les yeux, reconnaissait son père dans l'obscurité et retenait son souffle.

— J'entends, disait-il, ça tombe fort.

Le père Laforgue souriait dans la pénombre, caressait ses cheveux, murmurait :

— Rendors-toi, maintenant.

Antonin ne s'étonnait pas que son père voulût ainsi lui faire partager son bonheur, parce qu'il savait l'importance de l'eau depuis ce jour où il avait été privé de pain pour une timbale renversée par maladresse. C'est qu'il y avait cent mètres entre le puits communal et la maisonnette des Laforgue ! Ils allaient chercher l'eau, sa mère et lui, dans une seille en cuivre qui contenait une quinzaine de litres. Malgré ses petites jambes et la fatigue qu'un tel travail occasionnait, Antonin ne se plaignait pas, car sa mère lui parlait alors avec une telle douceur dans la voix qu'il l'entendait encore pendant les dernières années de sa vie.

Cependant, malgré leurs précautions et malgré celles des autres villageois, chaque année le puits tarissait. Certains faisaient usage de leur citerne, mais elles étaient rares encore, et les Laforgue n'en possédaient pas. Alors le père attelait le mulet de bon matin, chargeait trois barriques sur la charrette et descendait à la rivière. Quatre kilomètres sous un soleil à vif qui brillait dans un ciel à l'éclat de miroir ! Parti à la pique du jour, il ne rentrait qu'à midi, épuisé. Pour sa part, Antonin préférait l'eau de la rivière à celle du puits, et si ce n'avait été la fatigue de son père, il en aurait bien bu tout son soûl. Mais il n'osait pas, car son père, lui-même, montrait l'exemple, l'été, en se rasant le dimanche avec du vin, ce qui donnait à son visage l'aspect d'un diable sorti tout droit des portes de l'enfer. C'était un spectacle que l'enfant n'aurait manqué pour rien au monde : d'abord le père posait son rasoir, son blaireau et son aiguisoir sur la table, puis il affûtait patiemment son rasoir à deux branches avec des gestes lents et précis ; ensuite il plongeait son blaireau dans une timbale de vin ou d'eau selon la saison, le faisait mousser sur un pain de savon et humectait sa barbe d'une semaine devant le miroir accroché au mur à droite de l'évier. Une serviette autour du cou, il se rasait méticuleusement, avec d'horribles grimaces dont la mousse rose accentuait l'effet, et, quand il avait terminé, il s'essuyait en poussant de longs soupirs, s'asseyait enfin, heureux, détendu, comme si cette toilette l'avait délivré de toute la fatigue accumulée en lui depuis le dimanche précédent.

De sa petite enfance, c'est de ces scènes familières qu'Antonin garda le meilleur souvenir. Ainsi, bien qu'elle mourût quand il avait cinq ans, il revit longtemps sa grand-mère assise devant sa quenouille, filant la laine des brebis en murmurant des prières interminables, le plus souvent entrecoupées de lamentations prononcées à la façon des pleureuses antiques. Bien après sa mort, la quenouille de la disparue resta à sa place au fond de la cuisine, à l'opposé du cantou, la dernière quenouillée pendant du dévidoir qui servait à mettre les écheveaux en pelotons. Sa fille (la mère d'Antonin) n'y toucha jamais, mais elle ne se résigna pas à la faire disparaître et soupira chaque jour de sa vie en l'apercevant.

A cette époque-là, un parfum s'incrusta définitivement dans la mémoire d'Antonin : celui du froment, exhalé par le tamis à bras qui servait à passer la farine. Ce parfum l'aidait à s'endormir, car son lit se trouvait juste derrière lui, et il lui arrivait souvent de rêver à ce pain chaud qui sortait du four chaque quinzaine et fondait dans la bouche. Il savait qu'il avait beaucoup de chance de dormir dans la cuisine, à une époque où la plupart des jeunes garçons dormaient dans les granges. Certains même couchaient en plein causse dans une bergerie couverte de chaume et de torchis. Antonin était effrayé à l'idée d'avoir un jour à y passer la nuit, car il entendait parler des loups qui hantaient ces contrées. Et qui sait, se disait-il, si certains ne rôdaient pas encore sur les landes désolées, l'hiver, quand soufflait le vent du nord, tandis que lui, bien au chaud dans ses draps passés à la bassinoire, regardait les braises s'éteindre doucement dans le cantou. Il s'endormait paisible, confiant dans la solidité de la maison, dont les pierres avaient été assemblées par un ciment jaunâtre et dont les tuiles, cuites par son arrière-grand-père, possédaient la rougeur brune des feuilles de noyer en automne.

L'une de ses terreurs était de descendre à la cave, à laquelle on accédait par quelques marches de pierre. Outre les barriques de vin, elle contenait les victuailles salées qui se conservaient facilement sous l'épaisseur des murs voûtés. Il devait descendre avec une bougie, retenant sa respiration, attentif aux ombres qui se mouvaient près de lui, et attendait longtemps, immobile, le cœur battant, avant de remplir sa bouteille. Son office achevé, il remontait très vite dans la cuisine, où l'accueillait la lumière chaude et rassurante du calel.

Il grandit heureux malgré les frayeurs de l'enfance nourries par les contes et les légendes des veillées. S'il ne redoutait pas le Drac ni les fées qui lui caressaient parfois la joue, il avait une peur panique des loups-garous dont son père parlait souvent, affirmant en avoir tué un lors d'une nuit de pleine lune, à l'espère du lièvre, d'un coup de fusil, après avoir fait le signe de la croix.

Ce bonheur cessa au début de l'hiver, quand son père tomba malade, l'année des treize ans d'Antonin. Comme il ne se remettait pas, malgré les tisanes et les cataplasmes, sa mère pratiqua un matin la divination enseignée par sa propre mère. Elle prit plusieurs feuilles de lierre, chacune représentant un mal mystérieux, fit une marque sur chacune d'elles, remplit d'eau bénite une assiette, et les plongea délicatement dans cette eau. Elle laissa passer une journée et une nuit après avoir recouvert l'assiette. Le lendemain matin, la feuille la plus endommagée lui désigna la nature du mal et le nom du saint à qui elle devait adresser ses prières. Malgré celles, nombreuses, qu'elle envoya à saint Eutrope, le mal du père empira. Avant de se résoudre à faire venir un médecin, la mère appela un homme qui passait pour « avoir le sort » et qui tenait ses quartiers du côté de Martel. Antonin, très inquiet, assista à la visite de ce dernier une semaine avant la mort de son père. L'homme était grand, maigre et noueux, et portait des peaux de lapin sur chacun de ses poignets et de ses bras. Il répandit du sel autour du lit, prononça de mystérieuses incantations, lança des sorts avec ses doigts, recommanda des prières, avant de partir en emportant un poulet pour le prix de sa peine.

Rien n'y fit : un triste soir, le père mourut. Il y eut la veillée funèbre, les visites des parents et amis, et une douleur qui, pour Antonin, dura une grande partie de sa vie. Il n'oublia jamais ce jour de novembre aux herbes serties par le gel où son père fut porté en terre. Il se souvint toujours des sabots du cheval sous le corbillard et d'une main chaude dans la sienne qui le serrait très fort. Il comprit ce jour-là que la vie est une route jalonnée de petites joies, mais dont les bornes sont des peines inoubliables.

2.

Il fit connaissance avec l'école à huit ans, c'est-à-dire au moment de la séparation de l'Église et de l'État, en 1905. Avant cette date, l'enseignement était dispensé par des religieuses, mais seules les filles étaient concernées. Outre leur école, comme ces religieuses possédaient des notions de médecine, elles tenaient dans les villages d'alentour des postes de soins qu'on appelait « miséricordes ». Antonin connut son premier maître d'école après les inventaires, quand le maire eut expulsé les religieuses pour installer l'instituteur laïque. Certaines familles, alors, retirèrent les statues et les icônes qu'elles avaient offertes, d'autres s'employèrent à remettre à l'évêché des fonds destinés à construire une nouvelle école privée. La vie du village en fut bouleversée.

Malgré la nouvelle autorité en place, peu d'enfants reprirent l'école avant la Toussaint, car ils devaient auparavant aider aux vendanges et à la récolte des noix. De même, ils la quittèrent avant le début d'août, date, à l'époque, des grandes vacances, afin de donner la main pour les fenaisons.

C'est par le maître d'école qu'il entendit ses premiers mots de français. Chez lui, on ne parlait que le patois du causse, une langue à sons durs, à la différence de celle du bas Quercy. Pour désigner le pain, les Laforgue disaient « *lou po* », alors qu'à Montauban, on utilisait de préférence le son « *a* ».

Le maître d'école interdisait à ses élèves de parler *patois* en classe. Que de coups de règle sur les doigts reçut Antonin ! Mais les garnements en usaient par la force des choses pour apprendre le français.

Il remarqua sans bien la comprendre l'absence du maître le dimanche matin sur la placette, à l'heure de la messe. Là, les femmes se rassemblaient avant de franchir les portes de la petite église romane. Les hommes, eux, n'y entraient guère, mais ils parlaient entre eux pendant l'office, sous l'ombre fraîche d'un grand chêne. A la fin de la messe, Tiénou, le garde champêtre, arrivait, son tambour d'empire à la taille, et clamait les annonces : untel interdisait à tout chasseur de pénétrer dans sa vigne pendant la vendange, tel autre avait de la paille à vendre ou de l'huile à céder, un troisième pouvait prêter son cheval pendant la semaine.

Le bon curé Raynal, que les mécréants appelaient Oremus et que les fidèles respectaient comme Dieu lui-même, se mêlait aux conversations sans tenir rigueur à personne de son manque d'assiduité à l'office. Ce brave homme, natif de la Lozère et d'origine paysanne, possédait une foi un peu singulière : on racontait qu'il aurait dit après une vaine procession destinée à obtenir la pluie du Bon Dieu :

« *Oven bé fa tout ço que pouvions fa, mais coumo voulez qué plégué tant qué lou ven négro tiro ?* »

Nous avons bien fait tout ce que nous pouvions faire, mais comment voulez-vous qu'il pleuve tant que souffle le vent du nord ?

Tous, au village, l'aimaient beaucoup. Et même ceux qui n'avaient pas la foi suivaient les rogations, ces cérémonies organisées pendant les trois jours qui précèdent l'Ascension pour la conservation des fruits de la terre. La tradition était, pour chacun selon sa richesse, de porter aux croix, en bordure des champs, soit des œufs, soit des volailles, soit des pigeons. Le curé Raynal bénissait la croix, récitait des prières liturgiques pour attirer la bienveillance du Bon Dieu, et la procession repartait vers d'autres champs. Après son passage, deux enfants de chœur, qui suivaient de loin la procession en portant un grand panier d'osier, recueillaient les victuailles que les propriétaires des champs avaient offertes.

Une coutume était de prendre, le jour de Pentecôte, un peu d'eau dans un grand cuvier bénit la veille par le curé, et d'en asperger les champs et les murs des maisons, afin de les préserver de la grêle et de la foudre. En allant quérir l'eau bénite en compagnie d'Antonin, la mère Laforgue ne cessait de regarder le ciel, car la pluie, en un tel jour, avait de funestes présages. Un dicton voulait que « *con pléou per Pentocousto, pléou carante jouns son quitta* » : quand il pleut le jour de la Pentecôte, il pleut quarante jours d'affilée.

Le lendemain du 15 août avait lieu la fête de saint Roch, un saint très vénéré en Quercy. L'office terminé, le curé Raynal, vêtu du blanc surplis et de l'étole, armé d'un goupillon, partait dans les bourgs et les fermes d'alentour pour bénir les bestiaux. Cette bénédiction était censée mettre à l'abri de la contagion les bœufs, les chevaux, les brebis et les chèvres. Certains faisaient même bénir une botte de foin et un morceau de pain destinés à être mêlés à la nourriture des animaux en cas de maladie. Bien entendu, ce jour-là, il n'était pas question de faire travailler les animaux.

Pour la Toussaint, le curé Raynal allait en tête de la procession au cimetière, après les vêpres, afin d'encenser les tombes des morts fleuries depuis la veille. Le soir, un glas solennel montait dans la nuit, annonçant à tous la commémoration des morts le lendemain. Ce 2 novembre, personne n'allait aux champs ni ne gardait les brebis avant la cérémonie religieuse. Le soir, à l'église, un chemin de croix était célébré pour le repos des âmes des défunts.

Antonin assistait à toutes les cérémonies avec la candeur de son âge et la conviction que lui conférait sa charge d'enfant de chœur. Dans le panier des rogations, il dérobait cependant quelques œufs qu'il gobait en cachette ; de même, parfois, goûtait-il au vin blanc du curé Raynal, qui feignait de ne point s'en apercevoir. C'est surtout par sa mère que la religion l'avait touché, car le père Laforgue avait la foi du charbonnier. Dès que celui-ci partait au travail, la mère répétait interminablement à son enfant toutes sortes de prières qu'il devait réciter le soir avant de s'endormir. Elles exprimaient une piété naïve, celle des âmes simples.

L'une disait :

« Ol noum del boun Diou mé coutsoraï
cinq outsels l'y trouboraï
Dous oy peds, très ol cat

Nostre signe es ol mitat
Me dis que m'endormi
Que n'atsi de poou
Ni dé fé ni dé flambo
Ni dé mort subitando. »

Au nom du Bon Dieu, je me coucherai
Cinq angelets j'y trouverai
Deux aux pieds, trois à la tête
Notre Seigneur est au milieu
Il me dit que je m'endorme
Que je n'aie pas peur
Ni du feu ni des flammes
Ni de mort subite.

Quand les prières étaient trop longues, Antonin se languissait à genoux au pied de son lit, surtout l'hiver quand il lui tardait de s'enfouir sous ses draps chauds, bien à l'abri. Il lui en resta longtemps quelques bribes, comme une chansonnette qui aurait brûlé au fond de lui sans jamais s'éteindre. Elles revenaient parfois quand il était seul, et il les murmurait avec un peu d'amusement et de nostalgie :

« *Pater lou pétit*
Diou l'a feut, Diou l'a dit
Diou l'a métut en escrit
D'en escrit en glorio
Tout lou moundé s'en retsouyo. »

Pater le petit
Dieu l'a fait, Dieu l'a dit
Dieu l'a mis en écrit
D'en écrit en gloire
Tout le monde s'en réjouit.

Par la suite, il ne fréquenta pas beaucoup l'église, si ce n'était pour les enterrements, afin d'accompagner une personne de connaissance jusqu'à sa dernière demeure. Tous se retrouvaient entre voisins dans le cortège, et sur la route du petit cimetière. C'était l'occasion de parler des récoltes et du temps à venir, et, pour chacun, de mettre le costume, le seul et l'unique de sa vie, celui qui servirait à l'habiller le jour où il serait porté en terre. Ainsi étaient-ils : leurs plus beaux habits ne leur servaient qu'à habiller la tristesse, sans doute parce qu'ils ne l'aimaient pas. Car ils étaient gais, les gens des Bories, jusque dans leurs gestes journaliers, et ils aimaient chanter et danser.

Souvent, quand Antonin faisait le pastre au milieu des genièvres bleus, une chansonnette arrivait jusqu'à lui, portée par le vent :

« Lo boïlero, la boïlera la la
Cas bol lo conta ? »

Il chantait à son tour :

« Lo boïlero, la boïlera la la
Yéou lo boli bien conta. »

La chanson des bergers, la chanson des bergères la la
Moi, je veux bien la chanter.

Et les deux pastres se répondaient, de couplet en refrain, sur l'immense causse peuplé de cigales et de perdrix.

De même, lorsque Antonin marchait solitaire sur les chemins bordés de pierres plates, il scandait ses pas en chantant cet air-là :

« Can té coustérount lous esclots
Quand érount néous ?
Cinq sos soustérount lous esclots
Quand érount néous. »

Combien te coûtèrent tes sabots
quand ils étaient neufs ?
Cinq sous me coûtèrent mes sabots
Quand ils étaient neufs.

Les sabots d'Antonin n'avaient coûté au père Laforgue que le temps de tailler une bille de bouleau. S'il n'avait jamais eu beaucoup de sous, il n'avait pas vécu malheureux pour autant. A cette époque, on n'achetait presque rien : on pratiquait le troc, échangeant un couple de pigeons contre une poule, des œufs contre du sel, de la farine de blé contre des fèves, et même des morilles contre des champignons de rosée.

Antonin n'aimait guère danser, mais il assistait avec plaisir aux rondes d'usage courant pour une plantation de mai, et au bal du dimanche d'avant carnaval sur la placette. Si l'on savait chanter en dansant, on dansait aussi quelquefois à la cabrette du *cabretaïre*, ou au crincrin du vielleur, ou encore à la flûte du ménétrier, qu'on appelait également *pifraïre*. Une bourrée de cette époque disait :

« L'aïgo de roso té foro mouri, pitsuno.
No foro pas qué ne béouraï gayre,
No foro pas qué ne béouraï pas. »

L'eau de rose te fera mourir, petite.
Elle ne fera pas car je n'en boirai guère,
Elle ne fera pas car je n'en boirai pas.

Une belle jeune fille tenait le bras d'Antonin. Elle était jolie comme une fleur de marjolaine, avec ses cheveux noirs, ses yeux bleus, et sa peau aussi fine que la rosée blanche des matins d'automne. C'était Armandine Cabessus, sa promise. Le soir, en rentrant par les chemins détournés, il lui faisait la conversation sans jamais l'embrasser ni la caresser. Elle osait à peine lever les yeux vers lui, parlait très peu, toujours avec une grande douceur, et chaque fois qu'Antonin respirait le parfum de ses cheveux, il vacillait. Mais leurs moments de solitude étaient comptés. A l'époque, les filles demeuraient sages et vertueuses jusqu'au mariage. Il ne manquait pas de commères pour aller raconter aux parents ce qu'elles avaient aperçu au coin d'un bois ou d'un pré. Souvent aussi, le curé se chargeait lui-même de la surveillance de la jeunesse. Il n'était pas question d'échapper à la foudre divine qui tombait par sa voix lors des sermons en chaire ou à confesse. Et, à l'occasion des fêtes votives, les garçons allaient demander l'autorisation aux mères d'inviter leurs filles. C'était ainsi : mœurs et religion étaient étroitement liées. Les jeunes n'en souffraient pas vraiment, car ils n'avaient jamais connu autre chose. Cela n'avait pas empêché Antonin et Armandine de se promettre l'un à l'autre, un soir d'été, sous les étoiles dans le parfum des foins : quoi qu'il arrive, ils s'attendraient. Et toute la vie s'il le fallait.

3.

A dix ans, il fut éveillé un matin de juin par des cris inhabituels dans le village. Comme il se précipitait, sa mère l'empêcha de sortir par la porte, ce qu'il fit aussitôt en sautant par une fenêtre. Il courut, rencontra son père sur la placette, en compagnie des villageois fort occupés à raisonner Benjamin Bayle, qui, manches retroussées, frappait à tour de bras sur les jupes de sa femme Élodie. Il remarqua non loin de là une traînée de paille sèche qui partait, précisément, de la maison des Bayle pour aboutir, un peu plus haut, à la maison du menuisier. Ce fut ainsi qu'Antonin découvrit sa première « paillade ».

La coutume voulait, quand une âme « charitable » avait découvert l'adultère, qu'elle le dénonçât, la nuit, en traçant un chemin de paille entre les maisons des deux amoureux, afin d'y mettre un terme. A l'origine, cette coutume avait été inspirée par les curés de village, certains d'entre eux possédant, dans les campagnes les plus reculées, l'autorité d'un véritable prélat. D'ailleurs, ce matin-là, le curé Raynal assistait à la scène et se gardait bien d'intervenir. Les Quercinois, s'ils sont d'ordinaire fidèles, ont pour la plupart du sang de sarrasins dans les veines, voilà pourquoi Antonin put assister à plusieurs *paillades* pendant sa vie, l'usage ayant persisté jusqu'aux années 50.

Les charivaris, au contraire, s'éteignirent après la guerre de 1914. L'usage de donner un charivari aux veuves qui convolaient en second mariage provenait de la défaveur attachée, en Quercy, aux secondes noces. Dès que la cérémonie était annoncée en chaire ou à la mairie s'organisait dans le voisinage des nouveaux mariés un cortège infernal. Antonin n'y était pas le dernier ! Il s'agissait de se procurer tous les instruments produisant les sons les plus désagréables, des cornes de bœuf creuses, des sonnailles de brebis, de vieux arrosoirs ou des trompes propres à donner des rugissements épouvantables. Des cris se mêlaient aux battements des pelles, des casseroles, des chaudrons.

Les jeunes se réunissaient déguisés et masqués le dimanche avant le jour du second mariage. Ils se vêtaient de peaux de mouton, de vastes mantes, de costumes grotesques, de masques hideux et saugrenus. L'important, bien sûr, était de ne pas être reconnu. Devant l'église, ceux qui étaient travestis procédaient à une parodie de cérémonie rituelle, et si les futurs mariés voulaient que ces bruits cessent, ils devaient ouvrir leur porte aux manifestants, et surtout leur servir le meilleur vin de leur cave. Si, au contraire, ils se fâchaient, menaçaient d'appeler la gendarmerie, le tintamarre continuait et ne cessait qu'à l'heure des cérémonies de mariage.

Mais, à la fin de la Grande Guerre, il y eut tant de morts dans les campagnes quercinoises que personne n'eut plus le cœur à se moquer des remariées :

elles étaient trop jeunes. Le remariage fut pour elles le seul moyen d'assurer leur existence.

Le sort des femmes, à cette époque, n'était guère enviable : tous les dictons en témoignent. On disait notamment : « *Filhos qué sount a marida, es foutut troupel a garda* » (Filles qui sont à marier, c'est un mauvais troupeau à garder) ; ou encore : « *Fenno mudo n'es jamay battudo* » (Femme muette n'est jamais battue) ; « *Fenno se plan, fenno se dol, fenno es molacudo can bol* » (Femme se plaint, femme se lamente, femme est malade à volonté).

Et, cependant, les femmes alors étaient dures au mal et courageuses. Levées à la pique du jour, elles se couchaient tard sans jamais s'arrêter de trimer, de la cuisine à l'étable, de l'étable aux champs, des champs aux bergeries. Elles étaient sèches et noueuses, brunies par le soleil. Leurs enfants, eux, toujours en plein air, devenaient noirs comme des ceps de vigne, vifs et prompts à la repartie.

Chaque année, le 23 juin, veille de la Saint-Jean, on fêtait le soleil. En une semaine, un immense bûcher était dressé, afin d'allumer un gigantesque feu sur la placette : cette coutume remontait aux temps les plus anciens, quand les païens faisaient des feux de joie au moment du solstice d'été.

Le bûcher se composait de fagots, de sarments, de vieux meubles inutilisables élevés en une véritable pyramide. Le soir de la Saint-Jean donc, le village s'assemblait en cercle autour du foyer bénit par le curé, chantait des chansons et dansait en rondes joyeuses. Chacun restait là une partie de la nuit, attendant l'extinction du foyer, et il était d'usage de sauter par-dessus les flammes. A la fin, on recueillait précieusement des charbons et de petits tisons. Ceux-ci étaient placés au chevet du lit ou dans quelques meubles, à côté du buis bénit le dimanche des Rameaux. Ils protégeaient, croyait-on, de la foudre, des incendies, des maladies contagieuses et même des accidents corporels. Combien de fois Antonin, ravi, sauta-t-il au-dessus des flammes, tandis qu'Armandine l'attendait, émerveillée ! Le parfum du bois brûlé ajouté à celui des plantes au sommet de leur force l'enivrait, lui faisait prendre des risques inconsidérés, jusqu'à se rougir les pieds. Mais quelle joie, quelle ivresse ! Tout en bas des collines les feux rougeoyaient dans la tiédeur de l'été, illuminaient les villages d'où les chants, parfois portés par le vent de nuit, arrivaient sur le causse embrasé.

Le jour même de la Saint-Jean, entre minuit et une heure, sa mère l'emmenait sur le causse pour cueillir les herbes dites « de la Saint-Jean », dont elle croyait qu'elles guérissaient tous les maux. Il en était heureux, car il aimait la nuit et ses mystères, la vie ténébreuse de la sauvagine dans les herbes folles, et cette impression de rester seul au monde avec la mère, sous les étoiles. D'autres, au village, en cette nuit de la Saint-Jean, ramassaient des branches de noyer appelées *tsouonnencos*, les liaient ensemble avant de les suspendre, le lendemain, devant les bergeries pour préserver les animaux des maléfices.

La mère Laforgue avait un goût particulier pour les herbes, dont elle usait souvent pour soigner son mari et son fils. Antonin la suivait dans ses récoltes, et elle lui enseignait ses secrets :

— Même celles qui n'aiment que les pierres sont jolies, disait-elle, mais la reine d'entre elles, c'est la sauge. Regarde-la bien, tu la reconnaîtras facilement : ses fleurs sont bleu de nuit et ses feuilles ressemblent à celles des orties. Je m'en sers pour faire tomber la fièvre et pour stopper la sueur des maladies infectieuses. De plus, elle guérit les blessures, arrête le sang et accélère la cicatrisation.

La mère Laforgue ramassait aussi beaucoup de chélidoine, que d'autres, sur le causse, appelaient plante-fée ou herbe aux hirondelles. Elle en trouvait le long des murs et au bord des chemins rocailleux, déterrait d'une main preste les feuilles lobées semblables à celles des chênes, entre lesquelles les fleurs jaunes éclataient comme des soleils. Elle s'en servait pour soigner le foie, l'asthme du père, et même les yeux. Avec le lait jaune des tiges, elle traitait les verrues, qui disparaissaient en quelques mois.

— La menthe, expliquait-elle à Antonin, tu la distingues à son parfum. Elle pousse à l'ombre de nos murs de lauzes. En infusion, elle calme et endort la douleur.

Elle ramassait également la belle marjolaine sauvage aux fleurs tendres et roses, du serpolet, de la mauve, de la mélisse, des boutons-d'or, des pervenches, des ronces, des pissenlits, des chiendents, du fenouil, des coquelicots, des chardons, des bleuets et un peu de romarin qu'elle dénichait Dieu sait où, et dont elle se servait en frictions contre les entorses.

Antonin apprit bien vite les vertus des plantes au contact de sa mère et devint aussi savant qu'elle. A douze ans, il était capable de les différencier toutes. Mais, dès cet âge-là, il fut aussi le premier pourvoyeur en champignons de la maisonnée : il trouvait des morilles dans les combes isolées avec l'habileté d'un vieux paysan. Il aimait ces petits champignons, qui ont presque le parfum des truffes et le fondant des girolles, plus encore que les cèpes qu'il cherchait sous les chênes. Trapus et noirs, ils faisaient la joie de la mère Laforgue, qui les mettait en conserve. Il ramassait les champignons de rosée près des bergeries, dans l'herbe rase ; la mère en accommodait ses plats, ainsi qu'avec les fines coulemelles, ou lépiotes, de même consistance. Les truffes, c'était le travail du père Laforgue, qui connaissait quelques chênes et en ramassait, bon an mal an, un demi-sac qu'il vendait aux grandes foires de Martel. Il n'avait pas besoin de truie pour les trouver : sa main ne tremblait pas. Il en gardait cependant quelques-unes dans sa cave pour les donner à la mère au moment des fêtes de Noël. Même pauvres, en effet, comme beaucoup en ce temps-là, les Laforgue avaient le goût du bien manger : une truffe dans l'omelette de Noël, c'était le cadeau du père pour sa famille.

L'ordinaire présentait moins d'attraits : le matin, le père Laforgue et Antonin avalaient une soupe de pain qu'accompagnaient un morceau de fromage de chèvre, parfois aussi des crêpes de blé noir. Le dîner était le repas le plus complet de la journée : s'ils n'achetaient guère de viande de boucherie, les Laforgue possédaient un cochon qu'ils tuaient au début de chaque année, au cours d'une véritable fête. Ils mangeaient donc un peu de porc au repas de midi, accompagné de légumes secs. Le souper comprenait de nouveau une soupe ou un gâteau de farine de maïs.

Comme il attendait avec impatience le début de janvier, Antonin ! Prévenu quelques jours à l'avance, le tueur de cochon, un nommé Camille, petit homme sec et nerveux, arrivait au matin, ses instruments pliés dans un drap blanc. Sa tournée, qui débutait pour le premier de l'an, continuait jusqu'à la fin de février. Quand Antonin l'apercevait au bas du chemin, il en frémissait de bonheur : des guirlandes de saucisses et de boudins s'allumaient devant ses yeux, il humait déjà le parfum des pâtés et des confits, se délectait à l'avance de la viande encore chaude qu'il mangerait à midi. Il accompagnait Camille jusqu'à la maisonnette, aidait son père et le tueur à immobiliser le cochon qui hurlait, puis à le saigner, à l'ébouillanter, à racler les poils drus avec un grand couteau. Ensuite, la mère Laforgue arrivait pour confectionner les jambons, les pâtés, les rillettes, le lard, la graisse, les confits. Ainsi, la famille était parée pour l'année. Le soir, Camille, qui buvait plus que de raison, dansait sur la table de la cuisine et distrayait les amis que le père Laforgue invitait pour goûter les boudins. Le lendemain, Antonin avait toujours un peu de mal à quitter son lit, quand son père l'appelait au lever du jour. Mais l'image des saucisses entrevues la veille l'aidait à partir au travail : la mère en mettrait quelques-unes de côté avant de remplir son saloir.

Quand il ne restait plus de cochon, les Laforgue se rabattaient sur le gibier, fort important à l'époque. Antonin accompagnait souvent le père à l'affût des lièvres, la nuit, au carrefour de deux sentiers. Il ne devait ni parler ni bouger, mais n'en ressentait point l'envie. La paix des terres hautes suffisait à le faire attendre l'arrivée des grands lièvres dansant sous la lune. Parfois, le glapissement d'un renard ramenant le lièvre vers sa femelle les avertissait d'une approche dont chaque seconde paraissait délicieuse à Antonin. Le coup de fusil du père Laforgue claquait dans la nuit, provoquant des fuites dans les fourrés, des hurlements de chiens dans les fermes voisines.

Pour la traque des perdreaux rouges, c'était un peu

différent. Le père Laforgue montrait à Antonin où les compagnies se trouvaient, puis se postait à quelques centaines de mètres de là, dans une vigne haute. Antonin contournait les nichées, poussait les perdreaux avec précaution pour ne pas les faire s'envoler. Alors, ils piétaient vers les vignes ou les bois de chênes. Dès qu'Antonin entendait le coup de feu, il courait vers son père qui lui montrait de loin les beaux oiseaux aux pattes rouges.

Les lapins aussi proliféraient sur le causse. Le père et le fils Laforgue les chassaient au terrier, le chien labri leur servant de rabatteur. La mère les écorchait devant le seuil de la maisonnette, les faisait cuire en civet et vendait les peaux à la foire. Elle gardait la viande pour les repas de fête ou lorsqu'elle avait un invité. Ce jour-là, le menu comportait une volaille accompagnée de farce, *lou forsi*, qui était un mélange d'abats hachés menus, de lard, de fines herbes et de mie de pain pétris dans les jaunes d'œufs.

Parfois, l'hiver, quand la mère Laforgue avait du temps libre, elle cuisait le *millassou*, une sorte de grosse brioche confectionnée avec de la farine de maïs et du levain qui mijotait toute la matinée dans une marmite. A la chandeleur, il était d'usage de confectionner des crêpes avec de la farine de sarrasin, que l'on mangeait également à la place du pain quand la récolte de blé avait été mauvaise.

Antonin s'était rendu compte très tôt de l'importance accordée par ses parents à la nourriture. La mère, du reste, ne laissait jamais rien perdre, que ce soit des miettes de pain ou de la farine gâtée. La peur de manquer leur venait de leur enfance et des récits de leurs propres parents, qui se souvenaient d'avoir mangé des racines et des rats de grenier entre 1845 et

1849. La pensée de la famine demeurait ancrée en eux comme un fléau. Il y eut d'ailleurs bien, aux Bories, une année où l'on finit de passer l'hiver avec des pommes de terre pour seule nourriture, mais Antonin n'eut jamais vraiment faim, au contraire des petits fermiers ou métayers du causse qui étaient toujours en retard d'une récolte et tiraient le diable par la queue.

Autant que la nourriture, le vin était sacré : jamais le père Laforgue n'aurait accepté d'en boire un autre que le sien. Il pressait lui-même ses raisins après la vendange, s'en occupait chaque jour, usant de petites manies, de secrets jalousement gardés, et personne, à part Antonin, n'était admis à la cave avant qu'il n'eût percé le tonneau. En ce début de siècle, en effet, le vin était considéré comme une source d'énergie capable de reconstituer des forces amoindries par le travail ou la maladie. Antonin lui-même, le jour de son baptême, avait trempé ses lèvres dans un verre de vin. Au moment des moissons et des fenaisons, la mère passait entre les travailleurs avec un petit tonneau sous le bras, et chacun buvait dans une timbale d'étain. La famille Laforgue en manquait rarement, même si les vendanges n'avaient pas donné les raisins espérés : en jetant de l'eau sur le marc, on obtenait une sorte de piquette un peu moins bonne que le vin, mais cependant agréable. Aussi, nul n'oubliait le chabrot midi et soir : après la soupe, il était d'usage de mêler au bouillon restant du vin qui remplissait de nouveau l'assiette.

Le père Laforgue avait le goût et la passion de l'eau-de-vie : il la distillait lui-même en cachette des gendarmes et dépassait largement la quantité autorisée. Mais il n'était pas le seul, loin de là, car l'eau-de-vie servait à soigner les refroidissements, la grippe et à se réchauffer pendant les matinées d'hiver, quand le travail appelait au-dehors. Antonin hérita de cette passion qui tenait sans doute plus au plaisir de tromper les agents de l'Etat qu'à celui d'emmagasiner les bouteilles de « blanche » dans la cave, à l'abri des regards.

Il n'était pas question de commencer l'année sans un peu d'eau-de-vie, dès la fin du déjeuner. Tout le monde y avait droit, même les enfants. Ce jour-là, Antonin ne cessait d'aller de la table à la fenêtre en dégustant son fond de verre. Dehors le gel avait recouvert le causse d'enluminures blanches et les arbres craquaient sous l'étreinte du froid. Réchauffé par l'alcool, Antonin courait de maison en maison avec ses camarades pour souhaiter la bonne année. Ils frappaient aux portes et lançaient comme un cri de joie :

« Bouï souhaïti uno bouno ounado, accoumpagnado de forços maïtos, et lou cel o la fi. »

Je vous souhaite une bonne année, accompagnée de beaucoup d'autres, et le ciel à la fin.

Pour des souhaits si gentiment exprimés, les enfants recevaient une crêpe, ou des gaufres ou encore des pommes.

Dès que le facteur apportait le calendrier des postes, la mère Laforgue relevait la date du mardi gras et choisissait la poule qui serait sacrifiée à cette occasion. Ce jour-là, les femmes cuisaient en commun, au four banal, un énorme biscuit que tous les villageois mangeaient avec de la crème blanche le soir même. Il fallait soigner les bêtes plus tôt que d'ordinaire afin d'aller jouer aux cartes et boire du vin chaud dans la plus grande maison des Bories, celle des Vergne. Là, on dansait la bourrée avant de s'attabler. Les plus vieilles femmes s'asseyaient près du cantou et regardaient gambader la jeunesse avec des regards d'envie. De temps en temps, quelqu'un arrivait avec sa lanterne, car il n'y a pas de lune à carnaval. Tiénou, qui tenait la cabrette, criait de bien vite refermer la porte pour garder sa musique au chaud. Tout le monde se séparait vers le milieu de la nuit après avoir bu la tasse de tilleul qui permettait un bon sommeil. C'est avec grand regret qu'Antonin quittait Armandine, mais il partait avec la certitude de la rejoindre très vite dans ses rêves.

La mère Laforgue parlait parfois à son fils des coutumes de son temps, alors disparues. Cela se passait le plus souvent pendant les longues soirées d'hiver, lorsque Antonin la questionnait sur le temps passé, ou sur les récoltes, ou sur Napoléon III.

— Nous fêtions toujours la mi-carême, racontait la mère. Ce jour-là, les jeunes se déguisaient en scieurs de long et en pénitents. Ils habillaient en femme un tronçon de gros bois, lui donnaient pour chapeau une sorte de coiffe qu'on appelait Pierrot. Ils promenaient le mannequin dans les rues du village et condamnaient la pauvre vieille à être coupée en deux morceaux. En accomplissant leur besogne, les scieurs de long chantaient :

« *Rességuen la bieillo, la bieillo*
Rességuen la biello, anet. »

Nous scions la vieille, la vieille
Nous scions la vieille, aujourd'hui.

Les pénitents feignaient de pleurer à ce spectacle et chantaient à leur tour :

« Adiou paouro minimo
Tu morès récégado
Quel malhur. »

Adieu pauvre grand-mère
Tu meurs sciée
Quel malheur.

— Pourquoi faisaient-ils ça ? demandait Antonin.
— Je ne m'en souviens guère, mais sans doute voulait-on signifier par là qu'on était au milieu du carême et que les jeûnes se termineraient bientôt. On était content, et on le montrait. Pendant ces années-là, le moindre prétexte était bon pour s'amuser et boire. Cela amenait souvent grand désordre, et les gendarmes à cheval avaient de l'ouvrage.
— Et les loups ! Tu en as vu, toi ?
— J'en ai vu quelques-uns.
— Et les gendarmes ?
— Les gendarmes se ressemblent tous, tu sais.
— Et les terres ? En avions-nous plus à ce moment-là ?
— Guère plus, mon petit.

Les flammes du cantou projetaient sur les murs des ombres mystérieuses, et Antonin soupirait d'aise. Il était bien. Les longues soirées d'hiver qu'il passait dans la seule compagnie de son père et de sa mère coulaient en lui comme une eau tiède. Elles ne cessaient qu'aux beaux jours, quand le travail se prolongeait très tard le soir. Mais auparavant, il y avait Pâques, les longues courses dans les campagnes le samedi saint, les omelettes délicieuses qu'il mangeait avec ses camarades après avoir obtenu des œufs dans les fermes. Chacun donnait selon ses moyens : c'était la tradition.

Le lendemain, dimanche de Pâques, la mère Laforgue ne manquait pas de soupirer :

— *Pasquos marsencos, toumbos fresquos* (Pâques en mars provoquent de nombreux décès).

Ou encore :

— *De Pasquos à Pentocousto, lo dessert es d'uno crousto* (De Pâques à la Pentecôte, on n'a pour dessert qu'un croûton).

C'était vrai, hélas ! A ce moment de l'année, il y avait longtemps que l'on avait épuisé les prunes à chair violette, les pommes croquantes ou les pêches de vigne juteuses à souhait. Et il n'était pas question d'aller effectuer le moindre achat à Martel ou ailleurs.

Le père Laforgue, davantage soucieux du temps et des cultures que de dessert, ne passait pas la journée sans déclarer sentencieusement :

— *De Pasquos à Saint-Jean, l'aourotsé ben del léban* (De Pâques à la Saint-Jean, l'orage vient du levant).

Antonin, lui, se moquait éperdument de ces funestes présages. Il attendait avec impatience les feux de cette Saint-Jean et la fête votive de juillet qui lui permettraient de mener Armandine dans des danses endiablées, de lui faire un brin de conduite entre les boutons-d'or et les menthes fleuries.

Un été, celui de leurs quinze ans, ils eurent la chance de garder leur troupeau l'un près de l'autre. Chaque matin et chaque soir, ils s'allongèrent côte à côte, et ce qui devait arriver arriva : dans un moment de confiance et d'abandon, Armandine se laissa aller contre lui, appuya sa tête contre son épaule, et il l'enserra dans ses bras. Oh, pas longtemps ! Suffisamment, cependant, pour que la scène ait été aperçue par une femme du village qui s'empressa d'en parler au curé. Celui-ci se déplaça le soir même chez les Laforgue et chez les Cabessus, afin de faire cesser le scandale. Le père Cabessus vint, le lendemain, traînant sa fille par la main. La mère Laforgue le reçut vertement, ayant acquis la conviction depuis la veille que son fils n'avait pas manqué de respect à Armandine. Antonin le lui avait juré sur la mémoire de son père. Mais de voir sa bonne amie en larmes chez lui, là même où il rêvait de la faire vivre un jour, rendit Antonin furieux :

— De toute façon, Armandine et moi, on se mariera un jour et vous n'y pourrez rien. D'ailleurs, s'il le faut, on s'en ira.

Devant cette terrible menace, l'incident fut considéré comme clos, mais les troupeaux se séparèrent. Antonin en garda l'impression d'une flétrissure qui le rendit encore plus rebelle à la religion et au curé, mais le poids de la tête d'Armandine sur ses épaules, lui, demeura.

4.

Il n'y avait pas que les fêtes pour être joyeuses : le travail aussi avait ses charmes. Antonin se préparait dans la gaieté pour les moissons, qui s'effectuaient à la faucille et duraient près d'un mois. C'était alors l'occasion de grands festins, le soir, pour remercier ceux qui avaient aidé aux travaux. Malgré la fatigue de tous, les chansons montaient dans la nuit tiède de l'été, puis les histoires, les refrains bien connus, et chacun allait ensuite s'allonger dans son lit ou dans la paille des bergeries pour quelques heures de sommeil.

Avant la coupe des gerbes, on préparait les aires de battage avec la bouse des vaches mélangée de terre et pétrie dans un grand chaudron en cuivre destiné à ce seul usage. L'odeur puissante et chaude entêtait Antonin. Séchée au soleil, cette mixture demeurait lisse et dure comme un rocher.

Les battages s'effectuaient au fléau, deux hommes face à face frappant les épis en cadence, à tour de rôle. Les gerbes avaient été liées à la main au moyen de pailles de seigle, puis rassemblées en meules pointues pour les protéger de la pluie. Le battage terminé, le blé était entassé dans des sacs avec les balles pour être ventilé au tarare. A cet effet, le père Laforgue et Antonin attendaient l'arrivée du vent de nuit qui se lève, l'été, vers neuf heures, apportant avec lui un parfum d'herbe attendrie. Quel plaisir pour Antonin, qui se plaçait devant le tarare et recevait en plein visage les effluves mielleux du blé ! Il en devenait ivre, appelait sa mère, qui lui tendait la bouteille de vin frais ou un seau d'eau dans lequel il plongeait la tête jusqu'à plus soif.

Un peu avant la guerre de 1914, l'une des familles du village acheta une batteuse à bras qui nécessitait la présence de quatre hommes solides pour actionner l'engin, avec obligation de se relayer tous les quarts d'heure. L'effort trop violent auquel ces hommes étaient soumis occasionna des maladies de cœur dont personne ne décela la cause. Antonin n'usa jamais de cette batteuse à bras en raison de son jeune âge, mais il débuta, un peu plus tard, avec les batteuses à vapeur, très dangereuses également. Il eut la chance d'échapper à l'accident habituel que provoquait cette terrible machine. Beaucoup sur le causse, à cette époque, eurent le bras coupé par la brusque mise en route de la machine actionnant ses battoirs sans contrôle manuel.

Malgré quelques drames pénibles, le festin du soir était copieux et bien arrosé. Antonin se régalait de haricots blancs, de poulets rôtis et des meilleurs vins du causse. C'était là le salaire d'une journée de travail, que l'on se rendait d'ailleurs de ferme en ferme pour éviter les retards. Le blé, en effet, doit être coupé quand il est bien mûr, mais il ne doit pas s'étioler au soleil. Il était important que ce bien premier fût moissonné dans de bonnes conditions, car de sa récolte dépendait la qualité du pain de l'année. Un fameux pain, le plus souvent ! Une croûte brune et craquante protégeait une mie jaune et drue au parfum de genévrier.

Les Laforgue le cuisaient au four banal qui se trouvait près du chêne centenaire, sur la placette. Bâti de pierres et profond de quatre mètres, il servait à chaque famille qui faisait des fournées d'une quinzaine de tourtes à la fois. Chacun amenait avec soi les genévriers qui flambaient comme de la paille et embaumaient le village avant de donner leur parfum aux tourtes fumantes. La farine provenait de la récolte de blé broyée par le meunier de Frioul au fur et à mesure des besoins. Les visites de l'homme à blouse blanche, coiffé d'un béret de même couleur, étaient une fête pour les enfants des Bories, malgré la mauvaise réputation des hommes de cet état. Le père d'Antonin lui offrait un verre d'eau-de-vie. Antonin et ses camarades l'attendaient sur la placette et chantaient en se moquant de lui :

> « *Moulinié*
> *curo grogné*
> *pano blat*
> *opeysso dis qu'oco lus rats.* »

> Meunier
> vide grenier
> vole blé
> puis il dit que c'est les rats.

Comme il était toujours un peu essoufflé, ayant, à l'image de beaucoup d'entre eux, de l'asthme à cause de la farine respirée près de sa meule, le plus malin des garnements reprenait :

« La farino qu'o ponada l'estouffo. »

La farine qu'il a volée l'étouffe.

Mais le meunier de Frioul ne méritait pas ces sarcasmes, sans quoi le père Laforgue, assez retors en affaires, n'eût pas trinqué avec lui. La farine qu'il rendait était une farine brute, fleur et son mélangés. Antonin la passait lui-même dans le tamis à bras situé près de son lit, avant que son père ne pétrît la pâte, manches retroussées, sur la table de la maison. Ensuite, il emportait les tourtes ainsi façonnées dans de grands paniers d'osier au four banal ; l'odorant feu de genièvres chauffait le four pendant que le père Laforgue plaçait les tourtes sur une longue pelle en bois de noisetier. Antonin ne manquait pas une de ces cuissons, respirait le parfum par tous les pores de sa peau et salivait de plaisir à l'idée des tourtes brunes qu'ils allaient rapporter.

Avant d'entamer un si bon pain, le père Laforgue traçait une croix sur la tourte, comme il était d'usage. La famille en mangeait beaucoup dans la soupe, mais c'était le père qui donnait à Antonin le chanteau dont il devait faire tout le repas, ainsi d'ailleurs qu'à la mère qui disait à son fils, si d'aventure il avalait trop vite sa part :

— Fais pitance, petit !

L'été, pour éviter qu'elles ne durcissent trop, Antonin descendait les tourtes à la cave, ce qui leur donnait un goût particulier et un parfum de feuilles humides. Il remarqua très tôt le luxe de précautions dont usaient ses parents lorsqu'ils s'occupaient de leurs biens, qu'ils fussent ou non périssables. Chaque geste de leur part était mesuré, pesé, empreint d'une attention jamais démentie, ce qui assurait la conservation de ces biens pendant plusieurs générations : les draps de chanvre dans lesquels dormait Antonin avaient été tissés par l'arrière-grand-mère et ne présentaient pas l'ombre d'un défaut, tant ils avaient été entretenus avec amour. Deux fois par an, l'une au début du printemps, l'autre à la fin de l'automne, le père Laforgue emmenait sa femme et son fils à la rivière pour la lessive. Ils partaient de nuit et rentraient une fois le soleil couché. La charrette était chargée des grands draps, de la planche à lessive, d'un pain de savon de Marseille, du panier qui contenait les provisions.

Quel bonheur, pour Antonin, ces départs au lever du soleil, tandis que la brume déroulait ses écharpes de brouillard au-dessus de la vallée, et qu'il avait l'impression de descendre vers un immense lac dont l'eau eût été rose ! La mère ne parlait pas. Assise sur la charrette, les jambes pendantes, elle observait le père qui guidait le mulet par la bride, et qui assurait à plusieurs reprises avant d'arriver :

— Nous aurons une belle journée.

Le temps ne le trompait guère. Il le devinait à des signes qu'il interprétait à la tombée du jour, selon l'état et la couleur du ciel. Pas une des journées de lessive auxquelles assista Antonin ne fut assombrie par la pluie.

Ils arrivaient sur une plage de galets inondée de brouillard, le père détachait l'âne qui partait vers la rive brouter les boutons d'arbustes. Avec l'aide d'Antonin, le père transportait les draps et la planche à lessive au bord d'une eau claire comme une source. Dès que le soleil transperçait la brume, la mère se mettait à l'ouvrage à genoux, frottant avec énergie le grand drap qui dérivait peu à peu sur l'eau blanchie par le savon. Alors, le père Laforgue taillait une branche de peuplier et montait une ligne. Il pêchait les truites et les barbeaux en amont, tandis qu'Antonin, assis derrière lui, détaillait ses mouvements, frémissant à chaque touche, bondissant de joie à la vue des poissons argentés qui scintillaient dans la lumière. Armé d'un couteau, comme son père le lui avait appris, Antonin écaillait les belles truites aux flancs roses, les vidait de leurs entrailles poisseuses éclatant sous ses doigts à la manière des fruits trop mûrs. Un peu avant midi, le père bâtissait un petit foyer avec des galets, faisait griller les prises lentement, tournant et retournant les chairs tendres qui grésillaient. La famille mangeait à l'ombre des peupliers, d'abord les poissons, puis les fromages de chèvre accompagnés d'une tourte et d'un vin noir, épais comme du sang. Les draps lavés le matin fumaient au soleil. Quelle paix ! Antonin sentait une grande douceur l'envahir, accordait sa respiration à la chanson de l'eau butant contre les galets et s'endormait comme un nourrisson, dès que le père Laforgue décidait d'une sieste au pied des peupliers séparant la rivière des champs voisins. Un peu plus tard, le père pêchait de nouveau, mais le plus souvent à la main, pour le plaisir, tandis que la mère se remettait à l'ouvrage. Vers six heures, ils essoraient les draps avant de les charger sur la charrette. Au repas du soir, ils mangaient les barbeaux pris le matin, après que le père Laforgue les eut fait rôtir au four. S'il restait des poissons, il recouvrait d'herbes le fond d'une panière, et les plaçait côte à côte dans la bonne fraîcheur verte : le menu du lendemain ne poserait pas de problèmes à la mère.

Ils rentraient alors lentement dans la nuit tombante. Antonin levait les yeux vers les étoiles qui s'allumaient une à une, goûtait délicieusement la douce chaleur de sa mère assise contre lui, tandis que le père Laforgue jurait contre le mulet qui renâclait dans l'ombre. Les nuits qu'Antonin passait après ces lessives furent les plus paisibles de son enfance. En effet, excepté le nettoyage des poissons, ces journées à la rivière étaient des vacances. Il se sentait libre soudain, presque désœuvré, en tout cas d'une disponibilité à laquelle il n'était pas accoutumé. D'ordinaire, les corvées ne manquaient pas, et il ne pouvait s'y soustraire. Il en redoutait surtout deux, mais d'abord le dénoisillage.

Pendant les soirées du début de l'hiver, chaque famille donnait son temps pour aider à décortiquer les noix. Il s'agissait de séparer les cerneaux (le fruit) de l'écorce revêtue parfois de son cocon vert. Les pauvres mains d'Antonin ! Malgré de vigoureuses et fréquentes frictions, elles gardaient les traces verdâtres du cocon pendant plusieurs mois. Certes, il n'en concevait point de honte, étant habitué à voir celles des autres, mais il gardait en lui le sentiment d'une sorte d'injustifiable souillure, d'une agression dirigée contre son enfance trop tôt disparue. Pendant que les doigts s'activaient et que les langues se déliaient, la patronne servait du vin chaud qui réchauffait les cœurs et les esprits. Mais les histoires, alors, ne paraissaient pas, à Antonin, aussi savoureuses que celles des veillées traditionnelles. Il avait si peu l'expérience du dénoisillage que le travail requérait toute son attention et qu'il n'écoutait guère. Il préférait aider au pressage des cerneaux, une fois les beaux jours revenus. A cette occasion, chacun se servait de la meule qui était installée sur la placette et tournait à la verticale sur une pierre fixe. Elle était actionnée par le cheval du maire, appelé Bijou, qui marchait autour de l'installation. A cette époque, on pressait deux fois les cerneaux. Le deuxième produit du pressoir servait à alimenter le calel.

La seconde corvée tant redoutée par Antonin lui paraissait presque aussi terrible que le dénoisillage. Souvent, le matin, quand il ne gardait pas les brebis, le père Laforgue l'obligeait à épurer le champ de blé et la vigne des pierres qu'ils contenaient. A genoux sous la première chaleur du jour, Antonin édifiait alors deux monticules de pierres selon les dimensions de celles-ci. Les plus petites d'entre elles servaient à la construction d'un chemin en dur pour accéder à quelque champ, les plus grosses à conforter les murs qui bordaient les chemins. Le bon état de ces murs, en effet, était pour le père Laforgue un grand souci, car ils délimitaient les propriétés. Il ne badinait pas avec ces choses-là, connaissant le prix de la terre et les efforts qu'elle exige en raison de son perpétuel empierrement.

Antonin parcourut bien des kilomètres sur les genoux, et, même s'il ne fut pas le seul dans ce cas, tous les jeunes de son âge étant astreints à pareille tâche, il n'accepta jamais de bonne grâce ce travail pourtant nécessaire : sur le causse, les pierres semblent repousser comme des champignons ; si on n'y prend pas garde, elles risquent d'envahir les champs au point d'empêcher les labours.

Quelques années plus tard, on rapporta à Antonin qu'une famille du causse avait obligé le fiancé de leur fille à ramasser les pierres pendant la semaine précédant le mariage. Le pauvre garçon n'avait pas résisté à l'épreuve : il était retourné dans des vallées plus riches, du côté de Capdenac, sans le moindre regret.

Antonin, pour sa part, fut délivré de ces travaux à la mort de son père, sa mère et lui se trouvant dans l'obligation de faire face à des tâches plus urgentes. Ils devinrent alors plus proches encore, comme si le malheur les avait soudés définitivement. Antonin dut s'occuper davantage d'Antoinette, sa sœur de trois ans plus jeune que lui, une sauvageonne qu'il avait à peine vue grandir. C'était une longue fille aux cheveux bruns, aux jambes fines griffées par les ronces, à l'œil vif et au sourire épanoui. De caractère énergique, elle avait toujours fait preuve d'une farouche indépendance. Pour cette raison, Antonin n'avait jamais été très proche d'elle, pas même dans ses jeux d'enfant, car elle courait la lande en solitaire et parlait peu. Il la découvrit alors semblable à lui, l'apprivoisa, et tous deux rattrapèrent le temps perdu.

5.

Les routes du début du siècle étaient poussiéreuses l'été, boueuses l'hiver. Chacun possédait une charrette tirée, selon la richesse du propriétaire, par un cheval, un mulet ou un âne. Malgré leur mauvais état, ces routes restaient fort fréquentées, même pendant la saison froide. Il n'était pas rare d'y rencontrer des saltimbanques déguisés qui couraient la campagne et racontaient des histoires dans les fermes pour un verre de vin ou un morceau de pain. On croisait fréquemment des tisserands dont l'arrivée était attendue en raison de l'existence dans beaucoup de villages d'un métier, ou boutique, sur lequel on tissait une toile avec la laine filée par les femmes.

Rencontres courantes également, et fort réjouissantes pour Antonin, celle des scieurs de long, un grand et un petit, qui se rendaient dans les fermes sur commande pour aider aux préparations ; celle des chaisiers italiens qui rempaillaient les chaises avec une adresse et une rapidité incomparables.

Les ramoneurs savoyards aux genoux bardés de plaques de tôle effrayaient Antonin, sans doute parce qu'ils étaient bruns de nature et noirs de suie. On racontait à leur sujet des histoires étranges. Pour cette raison, les maris interdisaient à leurs femmes de laisser entrer les ramoneurs si elles se trouvaient seules. Alors, ils attendaient patiemment devant le seuil des maisons le bon vouloir des maîtres de maison, tirant d'un harmonica une musique plaintive et langoureuse.

Parfois aussi, en plein causse, au fond des combes isolées, Antonin rencontrait des contrebandiers en tabac dont le regard inquiet cherchait le gendarme derrière chaque rocher. Il ne s'approchait guère, laissait le chien aboyer jusqu'à ce que les contrebandiers disparaissent en haut d'une crête. Le père prétendait que la contrebande s'effectuait sur la Dordogne, depuis Bordeaux, par l'intermédiaire de bateliers organisés en bandes.

Tous ceux-là allaient à pied, mais sur les routes circulaient aussi les voitures attelées, les chars à bœufs, les tombereaux de meuniers tirés par des chevaux au collier garni de grelots, des convois de batteuses à vapeur.

Il en était un, de ces chemineaux, dont Antonin guettait l'arrivée avec la plus grande impatience : c'était le montreur d'ours de l'Ariège qui voyageait avec une roulotte rouge tirée par un mulet squelettique. Pendant les premiers jours de décembre, chaque soir, Antonin surveillait la route en lacet qui montait aux Bories, le cœur plein d'espoir. Le montreur d'ours installait sa roulotte sur la placette, mais se déplaçait avec l'animal au seuil de chaque maison. Pour un sou, l'homme faisait danser l'ours au son d'un tambourin. Le père donnait une piécette à Antonin, qui la portait au propriétaire de l'animal. Pour cela, il devait s'approcher de l'ours, le frôler presque, et la peur se mêlait à la joie.

A cette époque, toute rencontre était plaisir. Les paysans se côtoyaient dans les foires, nombreuses dans la région, même s'ils n'avaient rien à y vendre. Antonin connaissait la hâte du père Laforgue, qui l'emmenait quelquefois, pour atteler la charrette de bon matin. Deux ans avant de mourir, au contraire, il se replia sur lui-même, rejeta le monde, comme s'il se sentait porteur d'un mal honteux et inavouable. La mère prit le relais. Elle entraînait Antonin et sa sœur chez le pâtissier de la grand-rue, à Martel, et leur achetait un beignet qu'ils gardaient longtemps dans leur bouche pour bien en apprécier la saveur. Après ce goûter, ils restaient des heures immobiles derrière les paniers d'osier où la mère avait disposé les œufs avec précaution. Assis sur le sable de la place, Antonin écoutait sans bien comprendre les marchandages et les conversations, faisait provision d'images promptes à lui revenir à l'esprit, là-haut, contre le ciel, quand il gardait les brebis. Au retour, chargée de provisions, la mère tirait pourtant Antoinette d'une main tandis qu'Antonin, trottinant à côté, levait les yeux vers le causse inondé de soleil : il apercevait la tache blanche des Bories, tout en haut, comme un vol de tourterelles posées sur le dos de la colline.

Il existait des bourgs réputés pour leur foire : à Vayrac se vendaient surtout les bœufs gras, à Martel les truffes, aux Quatre-Routes les porcs, à Gramat les moutons et les vaches de race Salers. C'est seulement après 1910 qu'apparurent les premières laitières bretonnes. Les brebis, elles, appartenaient à la pure race quercinoise, c'est-à-dire caussenarde, ainsi que les chèvres.

La monnaie d'échange restait l'or. On n'avait guère confiance dans les billets de banque que le père Laforgue, pour sa part, soumettait au test de la pièce d'argent : en frottant le bord blanc du billet contre une pièce, il obtenait une trace foncée, preuve à ses yeux de l'authenticité du billet. Vers 1910, une paire de bœufs valait cent francs, une brebis trente francs, un lapin deux francs cinquante, et le barbier, sur la placette, prenait vingt-cinq centimes pour une coupe et dix centimes pour la barbe.

Chaque fois que sa mère l'amenait à Martel, Antonin s'arrêtait devant une bicyclette valant cent vingt-cinq francs, freins, garde-boue, éclairage à l'acétylène compris. Que de rêves suscita-t-elle, cette bicyclette verte, dans le sommeil du garçon ! Il la caressa, l'enfourcha maintes fois pour des courses folles, et pourtant il ne possédait pas le moindre sou. Il n'était pas le seul, bien sûr : rares étaient les jeunes capables de se payer une bicyclette avant le retour du régiment. Et encore ! Les nouveaux mariés logeaient chez les parents de l'un ou l'autre ; ils travaillaient pour un salaire de misère, mais ce qu'ils perdaient en argent et en liberté était compensé par la sécurité due à la présence des parents. Les difficultés de la cohabitation leur apprenaient du moins à se bien tenir en compagnie, et cette bonne éducation se manifestait pendant les veillées d'hiver, près du cantou, quand on recevait les voisins. On y entendait les légendes du causse et des histoires racontées par les plus anciens.

Antonin, pour sa part, s'y plaisait beaucoup. Il entendit la légende du pont Valentré de Cahors par la voix de Tiénou, l'accordéoniste aux multiples talents. Cela se passa un soir de décembre, dans la maison

Laforgue, en présence d'une dizaine de personnes. Le garde champêtre ne se faisait pas prier. A la moindre demande, il se levait, mimant des attitudes, changeant de voix, projetant sur les murs et au plafond des ombres inquiétantes.

— Connaissez-vous la légende du pont Valentré ? Et celle du gouffre de Padirac ?

Même ceux qui les connaissaient prétendaient ne les point savoir :

— Raconte, Tiénou, raconte vite !

Le conteur prenait une pause et chacun retenait son souffle :

— Les travaux du pont avaient commencé en 1308, d'abord par les fondations, comme il se doit, puis par les piles en grosses pierres de carrière. Et c'est en 1378 que l'architecte, qui n'arrivait pas à terminer l'ouvrage, vendit son âme au diable à la condition que celui-ci l'aide à finir les travaux. Le marché fut conclu, et, sur l'ordre de l'architecte, le diable se mit à porter les pierres aux ouvriers sans le moindre effort. Les travaux commencèrent à avancer trop vite au goût de l'architecte, qui ne tenait quand même pas à perdre trop tôt son âme. L'idée lui vint alors de tendre un piège au diable. Un beau matin, il lui demanda d'aller chercher dans un crible l'eau indispensable aux ouvriers. Confiant dans son adresse, le diable accepta. Cependant il ne lui fallut pas longtemps pour se rendre compte que l'eau s'échappait par les trous du crible et qu'on s'était moqué de lui. Furieux, il alla trouver l'architecte, lui jura qu'il se vengerait et disparut dans un nuage de fumée rouge. Le temps passa, et l'architecte oublia cette histoire, sans tenir sa promesse. Beaucoup plus tard, quand le pont fut sur le point de se terminer, l'angle nord-est de la tour centrale s'effondra sans raison apparente. Les ouvriers le réparèrent aussitôt, mais il s'effondra de nouveau le lendemain, en même temps qu'un grand rire retentissait au-dessus de la tour. Ce manège dura jusqu'en 1879, sans que personne trouve la solution. A cette date-là, l'architecte de l'époque eut l'idée de combler le vide en sculptant sur la pierre un diable arrachant du matériau. Eh bien, l'incroyable est arrivé : depuis ce jour, ce coin de mur ne s'est jamais effondré, et le diable y demeure fixé...

Un grand silence accueillait la fin des histoires de Tiénou, qui s'emparait d'un verre de vin, écoutait les commentaires avant de recommencer. Grâce à lui, Antonin apprit celle du gouffre de Padirac, selon laquelle le diable s'ingéniait à conquérir les âmes des vivants dans ce coin du Quercy. Il se manifestait sous la forme d'une jolie jeune fille ou d'un beau jeune homme, selon qu'il apparaissait à un homme d'âge mûr ou à une honnête femme. Il réussissait si bien à les tenter que, beaucoup succombant, les âmes de ces lieux prenaient tout droit le chemin de l'enfer. Un jour, pourtant, alors qu'il emportait une grande quantité d'âmes, le diable se heurta à saint Martin, appelé à la rescousse par les âmes pures. Le combat fut effroyable, mais permit à saint Martin de reconquérir les âmes perdues. Fou de colère et de douleur, le diable rentra sous terre et, de toute sa puissance, creusa le gouffre d'où sortirent, après cet événement, de grandes flammes rouges et des hurlements épouvantables.

La croyance en un diable responsable de tous les maux était tellement répandue en Quercy que bon nombre d'expressions passaient dans le langage courant. Quand la pluie l'empêchait de sortir, le père Laforgue maugréait :

— *Fo oun temps dé diablé !* (Il fait un temps du diable !)

Il disait aussi, quand par maladresse il ne parvenait pas au bout de sa tâche :

— *Lou diablé me crompe oun ase é oun carretou per ona à Récomodou !* (Le diable m'achète un âne et un charretou pour aller à Rocamadour !) Ou encore, de colère : *Lou diablé mé sulfato l'âmo* (Le diable me sulfate l'âme).

Ces jurons provoquaient le fou rire d'Antonin, qui le cachait de son mieux.

Outre les légendes, Tiénou racontait de fameuses histoires, plus ou moins étranges et pour cela très appréciées, dont la plus terrible était celle de Berthe Fantou, disparue pendant l'hiver 1840-1841 : les loups étaient arrivés des forêts voisines d'Auvergne et du Limousin, depuis plus d'une semaine quand la jeune fille s'évanouit dans la nature. On retrouva près de l'endroit supposé de sa disparition des traces bizarres et un morceau d'étoffe couvert de sang. Les paysans battirent alors la campagne, mais les loups étaient si nombreux cette année-là qu'ils durent rapidement renoncer à leurs recherches. Dix mois plus tard, on découvrit à l'endroit même de la disparition de Berthe un petit être mi-homme, mi-loup qui criait dans la neige. Personne ne voulut le recueillir, et il fut abandonné à son sort. Nul ne le revit jamais. Un sorcier des environs prétendit que le chef de la meute avait fait un enfant à la pauvre Berthe pour se venger des hommes. Personne n'allait se promener la nuit dans le « sentier du loup », de peur d'entendre, comme l'assurait le père Laforgue, des plaintes de bête qui s'achevaient en pleurs d'enfant.

Cette histoire impressionna beaucoup Antonin, qui avait entendu, de surcroît, par les vieux du village, d'autres récits concernant les loups. Ceux-là parlaient des voyageurs isolés attaqués par des meutes, de bergeries dévastées, de cadavres de valets de ferme à moitié dévorés. L'imagination du garçon vagabondait sans cesse, l'enfiévrait. Quand il se trouvait seul avec ses brebis dans les combes ombreuses, il redoutait de se trouver face à face avec le fantôme de Delcouderc, le brigand le plus redouté de la Dordogne voisine, et qui passait quelquefois en Quercy, du côté de Souillac, pour attaquer les postes.

Antonin s'imaginait parfois dans la peau du pauvre Alexis Martin, un meunier qui, vers 1845, découvrit au retour d'une livraison un cadavre en partie dévoré. Dûment alertés, les gendarmes reconnurent l'un de ces marchands d'hommes chargés de trouver aux riches un pauvre bougre possesseur d'un bon numéro, c'est-à-dire dispensé de service militaire. A cette époque, pour les fils de famille nombreuse, partir à la guerre permettait de manger à sa faim. Ils acceptaient l'argent des riches en échange de leur bon numéro et partaient sans regret, leur balluchon sur l'épaule, après avoir remis à leurs parents les piécettes d'or fraîchement gagnées. Or, cet Alexis Martin, qui habitait près du lieu du crime, aida si bien les gendarmes qu'ils mirent la main sur l'assassin, un bandit de grand chemin nommé Logriol. Ce dernier parvint cependant à s'évader de la prison de Cahors et revint dans la contrée persécuter le pauvre Alexis, qui finit par devenir fou et se noya dans son puits.

Si ce n'était Delcouderc, Antonin redoutait d'apercevoir Logriol entre les genévriers. Il sifflait son chien dont la présence le rassurait un peu, comptait les brebis, s'apaisait. Mais, très vite, son imagination prenait le dessus, il devenait un voyageur qui, soixante ans plus tôt, sur la grand-route de Brive à Toulouse, marchait solitaire dans les forêts de chênes nains, guettait sous les frondaisons les détrousseurs éventuels, se rassurait à l'arrivée des gendarmes patrouillant à cheval, se réjouissait de la fuite des brigands en déroute. Il devenait parfois un brillant soldat au retour de la guerre, se battait dans les bals où les jeunes de l'endroit gardaient les filles pour eux, il se faisait poursuivre à travers champs, était rejoint, bataillait âprement puis rentrait au village pour boire à la réconciliation...

Parmi les histoires des veillées, celles que goûtait le plus Antonin avaient trait à la chasse. Il y était question de sangliers gigantesques, de lièvres énormes, de vols de palombes à boucher le ciel, de compagnies de perdreaux indestructibles. Lui-même avait aperçu un jour, vers l'âge de dix ans, des biches en bordure d'un taillis de genévriers. Comme il s'approchait, sans fusil, il s'était trouvé à deux pas d'un cerf magnifique, le mâle de la harde. Celui-ci se mit à bramer si fort qu'Antonin s'enfuit de terreur. Il rejoignit ses brebis, à deux cents mètres de là, les trouva tremblantes et serrées les unes contre les autres, bêlant vers la bergerie.

Ce jour-là naquit en lui une passion pour la découverte animale et la traque, comme si l'apparition du grand cerf aux bois tentaculaires avait créé une sorte de charme auquel Antonin ne pouvait plus se soustraire. Ses quêtes furtives lui firent connaître des plaisirs presque inavouables, des sentiments inconnus où la violence côtoyait l'amour, et où la joie voisinait avec l'angoisse. Il attrapa au gîte un grand lièvre roux qui s'abritait sous les branches d'un noyer, il combattit à mains nues une femelle de renard prête à mourir pour défendre l'accès de son antre, il recueillit une biche blessée qu'il éleva patiemment avant de la rendre à la liberté. Autant de petits bonheurs qui jalonnèrent les années de sa vie, sans qu'elle fût pour autant solitaire : Antonin aimait aussi la compagnie, car la chaleur du cantou n'avait d'égale que celle des relations entre les hommes. Rien ne les séparait. Les distances n'avaient pas encore été bouleversées par les automobiles, et nul ne jalousait le bonheur d'autrui.

6.

Au village, les Vergne assuraient la charge de maire de père en fils. Ils habitaient la maison située sur la placette où débouchait le dernier lacet de la route. Perchée au bord de l'à-pic, la bâtisse surplombait la vallée mais lui tournait le dos. Ses fenêtres s'ouvraient sur l'unique rue du village, rue d'abord, puis venelle aux portes du plateau, sentier le long de chênes nains et des genévriers.

Gontran et Marie Vergne étaient les plus gros propriétaires de la commune. Ils avaient deux fils, dont l'un se prénommait Éloi et l'autre, l'aîné, Fernand, qu'on appelait Vergnou.

En Quercy, en effet, il était de tradition, pour désigner le fils aîné, d'ajouter un diminutif au nom de famille. Ainsi, Vergne étant le nom du père, le fils aîné était dénommé Vergnou, et pour désigner le petit-fils aîné, on ajoutait un autre diminutif au nom du fils. Ainsi, si Fernand Vergne avait eu un fils, celui-ci eût été surnommé Vergnounet tant que les trois représentants de ces générations auraient vécu.

Les noms de famille dérivaient le plus souvent de quelque sobriquet donné à un ancien. On s'appelait Petit, Cadet, Leroux, suivant l'âge, la couleur des cheveux, ou d'après des particularités corporelles. Des noms de baptême devenaient quelquefois des noms de famille, comme André ou Martin. Parfois aussi, de petites occupations donnaient l'appellation de Serrurier, Maréchal, Mercier, Marchand, Molinier, Laforgue.

L'un des ancêtres d'Antonin avait dû travailler dans une forge, longtemps auparavant. Le père ne s'en souvenait pas, qui tenait sa petite propriété de son propre père, mais sans doute ce forgeron de ses aïeux avait-il vécu plusieurs siècles avant la naissance d'Antonin, peut-être au temps de la Révolution, à une époque où l'état civil des personnes s'était officialisé.

Les familles du Quercy possédaient de surcroît, bien souvent, un surnom qui leur était donné par dérision. Le vrai nom de famille, appelé « nom de lettre », n'était guère employé dans les villages en dehors des affaires officielles. Ces surnoms étaient fort curieux, parfois amusants, parfois aussi désagréables. Celui du père Laforgue, « Perdrigal », lui seyait comme un gant, lui qui s'y entendait si bien pour trouver les nichées de perdrix. Il existait aux Bories un *Curo l'iou*, « Cure-l'œuf », destiné à un ancien plein d'avarice, un *Caranto piols*, « Quarante-cheveux », qui désignait bien sûr un chauve. Il y avait également un *lou Ser*, « le Serpent », un *Galoupaïre*, « Galopeur », qui se nommait en réalité Armand Pélissou, sabotier de son état, et dont la maison jouxtait la grange des Vergne. Ce pauvre Armand avait effectué quatorze années de service militaire : sept pour son propre compte, sept pour un riche qui « l'avait acheté ». Il se vantait d'être revenu de Rome à pied et il en tirait gloire. La rigueur de ce voyage lui ayant enseigné l'importance de bons godillots, il s'était établi sabotier après s'être marié, dès son retour, avec une fille Lestrade, de Loupit, vertueuse le dimanche. Un jour qu'Antonin lui demandait s'il avait fait la guerre de 1870, le sabotier avait répondu :

— Je suis né en 1830, couillon de la lune ! J'étais trop vieux, mais j'en ai connu beaucoup qui ont tiré les moustaches aux Prussiens !

D'avoir trop couru les routes pendant sa jeunesse l'avait rendu fainéant : il ne levait plus le cul de sa chaise. Il avait fini presque centenaire, fabriquant ses sabots entre sa femme, Adeline, et sa fille, une belle brunette prénommée Pascaline.

Les voisins des Pélissou s'appelaient Plandieu. Jean Plandieu faisait le tailleur et sa femme la couturière. Cinq enfants, jolis comme un sou d'or, éclairaient leurs journées, qu'ils passaient dans leur atelier à la bonne odeur d'étoffe, où Antonin aimait s'asseoir.

Plus loin, derrière le four banal, habitait le forgeron, Marius Lonjou, qu'on appelait *lou Guelaïre*, parce qu'il criait sans cesse en travaillant. Souvent le causse retentissait de ses jurons lancés en patois, et ceux qui besognaient solitaires hochaient la tête d'un air amusé. Trois petits, plus les grands-parents, vivaient avec Marius et sa femme dans la longue maison qui abritait la forge et se trouvait toujours ouverte au vent.

Antonin connaissait les Bayle, Benjamin et Élodie, qui lui avaient fait découvrir sa première paillade. Benjamin Bayle était maçon, Élodie était belle. Elle s'absentait mystérieusement chaque jour, malgré la présence au foyer de deux beaux enfants, dont Abel, un camarade d'Antonin, aux cheveux roux comme l'écureuil.

Le galant d'Élodie, de son état menuisier-barbier, se nommait Julien Cabessus. Antonin lui devait l'existence de la jolie Armandine, ainsi qu'à Henriette, sa mère, aussi laide que sa fille était belle.

Le charron, c'était Gaston Ribeyre, surnommé *lou Ser*, c'est-à-dire « le Serpent », en raison de sa souplesse et de sa maigreur. Bertille, sa femme, lui avait donné quatre beaux enfants aux yeux pétillants d'intelligence.

Tous les autres travaillaient la terre et en tiraient l'essentiel de leurs revenus. Ils se nommaient Cabussel, Maréchal, Sourzac, Rieux, Fauvergue, Petit, Cadet, Martin, et assuraient presque tous la charge des vieux qui leur avaient laissé la direction de la maison.

C'était là une dure loi dont l'application suscitait des drames, parfois de graves disputes au terme desquelles les vieux passaient la main ou chassaient les plus jeunes. Ceux-ci partaient alors pour les villes, car il n'était pas question de partager des propriétés souvent trop pauvres.

Les petits camarades d'Antonin se prénommaient Éloi, Abel, Armand, Pierre, Lucien. Aussi délurés que lui, ils inventaient les pires bêtises à l'insu de leurs parents, qui n'eussent pas manqué de les remettre dans le droit chemin. Un jour, ils firent croire à Tiénou, le garde champêtre, que le Drac en personne les avait « coursés » dans la combe des Refresquières. Le représentant de l'autorité communale, sous l'effet de l'alcool comme chaque soir, suivit les garnements sans hésitation pour constater le délit. Auparavant, ceux-ci avaient emmené la chèvre blanche des Vergne au fond de la combe suspecte, après l'avoir affublée de grandes cornes en carton noir. L'épouvante du pauvre garde champêtre, tapi à cinquante pas du Drac dans les genévriers, mit un comble à la joie des garnements. Son retour au village fut homérique : plus les dimensions du Drac grossissaient entre les bras de Tiénou, plus les villageois s'indignaient devant les élucubrations de l'ivrogne. Le maire délégua deux enquêteurs dans la combe hantée, qui revinrent bien sûr au village sans avoir rien vu. Le garde champêtre fut désormais suspecté d'alcoolisme chronique et faillit bien perdre sa place. Il ne le pardonna jamais à ceux qui lui avaient tendu ce piège. A partir de ce jour, il ne cessa de les pourchasser dans l'espoir de les ramener par les oreilles chez leurs parents, après un flagrant délit. Antonin, pour sa part, se méfia des représailles, sachant que le père Laforgue ne badinait pas avec qui manquait à ses devoirs de sagesse. Non point qu'il craignît les coups — le père ne l'avait jamais frappé —, mais il redoutait surtout de rester à jeun pendant deux jours, selon la règle en vigueur chez les Laforgue : mangeait celui qui travaillait. Or, Antonin eût été bien en peine de fournir son emploi du temps, ce jour où le Drac était apparu dans une combe.

Il garda de l'aventure plus de tristesse que de joie, car il aimait bien Tiénou, surtout pour ses qualités de *cabretaïre*. Il fallait le voir se battre avec son instrument, faire corps avec lui, comme si une soudaine inspiration musicale l'avait saisi, pour la plus grande joie des danseurs.

Heureusement pour eux, les galopins des Bories ne songeaient pas qu'à s'amuser. Un après-midi de septembre, ils combattirent le feu avec leurs seuls bâtons, pendant que l'un d'entre eux courait au village chercher du secours. Durant tout l'été le soleil avait grillé les herbes sauvages, les genévriers et les chênes devenus secs comme des sarments. Il y avait dans l'air des bouffées de chaleur irrespirables. Il pouvait être cinq heures quand une fumée rousse monta d'un bosquet de genévriers, à flanc de coteau. Très vite les flammes apparurent au-dessus des arbres, puis elles grandirent en quelques minutes, dévorant tout sur leur passage. Poussées par le vent du sud, elles montaient droit vers Les Bories, dont Antonin apercevait le clocher, tout là-haut, presque fondu dans le ciel. Sans hésiter, Antonin et ses camarades se portèrent au-devant d'elles, frappant de toutes leurs forces, criant pour se donner du courage, malgré la fumée qui provoquait une toux inextinguible. Forcés de reculer mètre par mètre, ils attendirent pendant plus de vingt minutes l'arrivée des villageois porteurs de fourches et de faux, ne cédant du terrain qu'après avoir lutté sur chaque talus. Ce fut sans doute ce combat d'avant-garde qui sauva le village. Les gens des Bories parvinrent à contenir l'avance des flammes jusqu'au soir, et le vent tourna avec l'arrivée de la fraîcheur nocturne. Mais quelle peur ! Déjà les femmes avaient accroché des draps humides aux murs et arrosé le seuil des maisons. Les vaillants petits pastres des Bories regagnèrent le village noirs comme des corbeaux, leurs cheveux sentant le roussi, et les jambes lourdes. Bruns par nature comme l'écorce des noyers, les cheveux crépus, les jambes nerveuses, ils ressemblaient à de véritables petits sarrasins au retour d'une victoire. Car la race quercinoise est ainsi : noire et noueuse, tout en nerfs et en vitalité, sans doute en raison des armées arabes qui firent souche dans la région il y a bien longtemps. Le maître d'école d'Antonin, qui aimait l'histoire quercinoise, prétendait qu'au cours de la bataille de Martel, un an après Poitiers, en 733, Abd al-Rahmān avait défié Charles d'Herstal, devenu Charles Martel après qu'il eut fondé la ville du même nom pour célébrer sa victoire. Le maître avait même emmené les plus grands, un jeudi, sur le site de la bataille, dans les villages de Lamorétie, Sangou, Barbarou, et à Martel enfin, où il avait montré à ses écoliers l'hôtel de ville. Selon lui, Charles Martel avait posé la première pierre à l'endroit exact où il avait donné les instructions qui avaient permis la victoire. De ce jour était né chez Antonin le goût de l'histoire, en même temps qu'une vive admiration pour son maître d'école.

Hélas ! fidèle serviteur de la Troisième République, celui-ci raconta bientôt aux enfants l'histoire d'une autre manière. Il n'était plus question de Charles d'Herstal mais de l'Alsace-Lorraine. Tous crurent en la bonne parole et tous partirent sans regret, quelques années plus tard, pour regagner des contrées dont ils ne connaissaient ni les fleurs, ni le vent, ni les arbres. Au début de 1914, la plupart d'entre eux n'avaient même pas un an à vivre. Aucun ne le savait, pas plus en ce début d'année qu'au début de l'été, car on ne lisait pas les journaux et on ignorait où se trouvaient la Serbie, l'Autriche et l'Allemagne. Aussi, le jour où le tocsin se mit à sonner au clocher de l'église, Antonin, qui sarclait un champ dans une combe lointaine, crut d'abord à un incendie. Il lâcha son outil et se mit à marcher à travers bois, d'abord lentement, puis de plus en plus vite à mesure qu'il approchait du village et que le son du tocsin devenait plus distinct. Du haut d'une colline, il s'étonna de ne pas apercevoir de fumée, et il repartit en courant. A moins d'une lieue du village, il rencontra une vieille qui menait ses chèvres et lui demanda à quel endroit les bois brûlaient.

— Y a pas de feu, mon pauvre, répondit la vieille, mais il y a la guerre.

— La guerre ? Et contre qui ?

— Il paraît que c'est contre les Prussiens, là-haut, dans le Nord.

Antonin n'en revenait pas. Tout en reprenant son souffle, il demanda à la bergère si elle savait pourquoi, mais elle haussa les épaules et s'éloigna. Il se remit à marcher et arriva bientôt aux Bories, où il aperçut un attroupement sur la place. Il l'évita, s'en fut chez lui, où sa mère l'attendait sur le seuil en pleurant. Il lui fallut une bonne heure avant de comprendre que la guerre, même lointaine, le concernait et qu'il devrait, lui aussi, bientôt y aller. Personne, parmi les jeunes de son âge, ne mesura, ce jour-là, à quel point le monde et leur vie allaient en être bouleversés. Aucun d'entre eux, en cette fin d'année 1914, ne sut qu'ils perdaient à jamais le bonheur de vivre, qu'ils entraient dans un univers dont l'horreur allait leur apprendre la désespérance avant de les tuer.

DEUXIÈME PARTIE

1.

Antonin partit à la guerre le 3 janvier 1915. C'était une journée de gel, de froid sec immobilisant les genévriers dans une sorte de gangue métallique qui resplendissait sous les premiers rayons de soleil. La mère, immobile sur la placette parmi celles qui regardaient partir leur enfant ou leur mari, tenait son fichu noir d'une main et agitait l'autre timidement, sans bien mesurer l'importance de ce départ. Tout le monde prétendait au village que la guerre ne durerait pas six mois, que « les Prussiens » ne résisteraient pas aux assauts de l'infanterie française. Un à un, les hommes avaient signé leur fascicule de mobilisation, persuadés qu'en définitive ils ne partiraient pas. Et puis, leur feuille de route arrivait, et ils devaient s'arracher à leur petit monde où vivaient ceux qui leur étaient chers. Sur la placette, ce jour-là, Antonin Laforgue éprouvait le sentiment confus d'un événement redoutable en raison du bouleversement qu'il suscitait. Il n'avait pas vraiment peur. Quand on n'est jamais sorti de son village, on n'imagine pas ce qui existe ailleurs, ni comment on y vit, ni, bien sûr, comment on y meurt. Il était plutôt curieux de découvrir une autre vie, et ne songeait pas au danger. Pourtant, depuis le début de la guerre, la mort avait déjà frappé. Un jeune du village, le Barnabé Fauvergue, avait été tué au début d'octobre 1914.

Le maire, Gontran Vergne, l'avait annoncé, revêtu de son écharpe tricolore. Son fils Fernand avait été le deuxième, en novembre de la même année. Le pauvre Gontran, qui avait déjà tremblé en recevant la première lettre, n'eut même pas, cette fois, à revêtir l'écharpe : la mort frappait l'un des siens avant même qu'il ne se fût habitué à l'horreur d'une guerre que personne n'avait imaginé si meurtrière.

Antonin resta un mois à Cahors pour y apprendre le maniement des armes, et dès le 2 février on le fit entrer dans un fourgon à bestiaux avec ses camarades, pour monter au front. Après dix-huit heures de voyage passées dans les pires conditions, il arriva à Châlons. Le jour n'était pas encore levé, augmentant encore son impression de dépaysement. Au sortir de la gare, les soldats furent rassemblés sur une petite place où Antonin devina des arbres, mais il eut beau ouvrir bien grand ses yeux, écouter le bruit du vent dans les branches, il se sentit complètement perdu, d'autant plus qu'aucun de ses camarades des Bories ne l'avait suivi. Comme il regretta, à ce moment-là, le causse de son enfance ! Il s'enferma dans une tristesse que la pluie glacée tombant à verse accentuait à chaque instant. Qu'il était loin, son village ! Et qu'il lui manquait pendant la traversée de la grande ville aux murs gris, le cœur déchiré à l'idée de tous ces kilomètres qui le séparaient des siens !

Il songea à des choses futiles, à des détails entrevus, à des souvenirs qui, loin des Bories, prenaient tout à coup un charme à lui tirer les larmes des yeux. Il se rappela Marie Vergne sur la place, le jour du départ, qui disait à son fils Éloi :

— Ne prends pas froid, mets tes chaussettes de laine !

Il revit son père rapportant fièrement la tête de lézard mort à déposer dans le lit d'Antoinette, afin d'éviter à celle-ci, et pour la vie, le mal de dents. Les cheveux d'Armandine, sa promise, passèrent devant ses yeux, il sentit leur parfum, leur finesse au toucher. Il perçut la chaleur de la main de sa mère, le jour où l'on avait porté le père Laforgue en terre. Toutes ces sensations, loin de l'apaiser, tissèrent comme un filet autour de sa poitrine, l'empêchant de respirer, éveillant une souffrance qui dura plusieurs jours.

Il n'eut pas même le temps de s'habituer à la caserne. Quarante-huit heures après son arrivée, il partit pour le front au pas de marche, remontant le ceinturon qui lui serrait le ventre et relâchant à chaque halte les lacets de ses molletières. Emmaillotées depuis le matin, ses jambes enflaient, et il ne savait que faire pour atténuer la douleur. Il replaçait sans arrêt sur la visière de son képi la jugulaire qui s'incrustait dans son menton, traversant des villages où des femmes silencieuses et graves tenaient des enfants dans leurs bras. Les kilomètres s'ajoutèrent aux kilomètres, et, bientôt, il dut lutter contre l'engourdissement de ses épaules et une fulgurance dans ses reins. Parfois, l'un de ses compagnons sortait du rang et chutait dans le fossé. Le sergent le relevait sans ménagement, une pointe de colère dans la voix. Antonin avançait en prenant garde de ne point glisser, certain de ne pas avoir le courage de se redresser. En heurtant l'étui de la baïonnette, la crosse du fusil de son voisin lui fit penser aux sonnailles des brebis qui devaient patienter dans la bergerie, là-bas, très loin de ces montagnes recouvertes de sapins, de ces terres grises, de cette brume sale, poisseuse comme du pus. La pluie alourdissait les vêtements des soldats, les aveuglait au point de rendre une halte nécessaire. Antonin se coucha dans la boue, face vers le ciel, et perdit connaissance un instant.

Son retour au monde des vivants fut sa première rencontre avec la guerre : un obus éclata à moins de cent mètres de lui, provoquant la panique chez les soldats. Le sergent parvint à grand-peine à les rassembler avant de les remettre en route, malgré le sifflement aigu des bombes allemandes, et ils gagnèrent une forêt sombre où ils purent se dissimuler.

Des jours passèrent, puis d'autres, couleur de cendres. Antonin découvrit les morts au visage couvert de boue dans les charniers entassés par les Allemands au fond des boyaux ; il fit connaissance avec les plaintes des agonisants qui tendaient leurs mains vers lui, entendit des suppliques enfantines sortant des corps de géants.

Quand les fusées éclairantes éclataient au-dessus des trous de mines, il apercevait des cadavres épars, et, même après le retour des ténèbres, ces corps restaient visibles, comme si la lumière des fusées les eût statufiés. Parfois, l'un de ces hommes encore vivant poussait un long cri et déclenchait les hurlements de ceux qui gisaient aux abords de la tranchée. Il fallait trois ou quatre heures aux brancardiers pour se frayer un chemin dans les boyaux où ils s'enlisaient, et autant pour revenir après avoir déposé leur fardeau à l'infirmerie. C'est dire si les secours étaient rares ! Peu à peu, la conviction de ne pouvoir compter que sur lui gagna Antonin, le persuada de sa solitude définitive.

Il crut, bien des fois, que les appels entendus lui étaient destinés, et il pleura en cachette de ne pouvoir intervenir, abruti de fatigue et de désespoir, la joue appuyée contre la paroi gluante de la tranchée. Allemands ou Français, il s'agissait bien de la même souffrance. Une nuit sans lune, à vingt mètres de lui, il entendit une voix allemande qui l'appelait :

— Camarade, camarade français !

Il n'eut pas la force de bouger. Toute la journée sa section avait subi le bombardement de l'artillerie allemande. L'ébranlement continuel du sol, ajouté au vacarme des explosions et aux éclairs des gerbes de terre, l'avait sans cesse tenu en éveil. L'un des obus, parfois, frappait un arbre qui se déchirait interminablement, donnait à Antonin l'impression d'une fracture dans sa propre tête et provoquait dans son corps une chaîne de soubresauts douloureux. Il pensait alors aux beaux noyers de son village, et il lui semblait les voir éclater avec la même violence.

Tout cela dura deux mois. Début avril, il y eut un merveilleux jour de gel, l'un de ceux qui font escorte aux oiseaux de passage, quand le bleu du ciel resplendit comme un lac. Du haut de la crête des Éparges, Antonin Laforgue songeait aux guirlandes de ses genévriers, à ce parfum d'air glacial qui le comblait d'aise quand il mesurait la puissante beauté de ses hautes terres, sur le versant d'un coteau givré. A neuf heures, un vol d'oies sauvages traça une route nerveuse au-dessus des forêts. Un quart d'heure plus tard, la compagnie de Laforgue sortit des parallèles d'assaut pour attaquer des villages sans importance aux lisières de la Woëvre.

Jamais jusqu'à ce jour il n'avait essuyé le feu à découvert. Il s'attacha un long moment à la forte carrure du lieutenant, à ses yeux noirs très enfoncés dans leur orbite, à son nez large, à ses lèvres épaisses.

— En avant, au signal de mon bras et à mon commandement !

Laforgue eut l'impression d'une averse glacée sur son dos, une sueur mauvaise coula d'un coup de ses épaules vers sa taille, le bras du lieutenant bascula devant ses yeux. Il se dressa, insensible aux cris de ses camarades, ne pensa qu'a courir, à gagner un abri proche le plus vite possible, tandis que s'imposaient peu à peu à lui le martèlement des pieds de ses voisins, le bruit des cartouches dans sa sacoche. Il n'avait pas peur. Une sorte de joie l'imprégnait à l'idée de la mort, comme si elle l'eût délivré de trop de souffrances. Toujours courant, il évaluait la distance qui le séparait du prochain fossé. Il s'y jeta avec une sorte de rage, laissant échapper une plainte, et s'allongea sur le dos, bouche ouverte, le regard perdu dans le ciel déserté. Il reprit son souffle avec difficulté, essuya la sueur sur ses paupières et, se redressant, aperçut des uniformes verdâtres à moins de cent mètres. Ses compagnons pointaient déjà leur lebel et tiraient sans attendre l'ordre du lieutenant. Laforgue le chercha du regard, mais ne le trouva pas. Une voix, qui n'était pas la sienne, ordonna :

— Première demi-section, en avant !

De nouveau Antonin courut, mais cette fois avec moins d'ivresse et davantage d'angoisse. Ses muscles douloureux répondaient mal à ses sollicitations, et il lui sembla ne pouvoir jamais atteindre l'entonnoir dont il devinait la masse sombre trente mètres devant lui. Les Allemands avaient rectifié leurs tirs. Leurs balles frappaient le sol devant les Français en soulevant des mottes de boue dans un bruit flasque, un peu écœurant. Antonin percevait également, mais sans les définir, des chocs tout près de lui, à la fois d'une grande violence et presque inaudibles, ceux des balles frappant le corps de ses compagnons. Parvenu à quelques pas de l'entonnoir, il sentit dans sa jambe et son bras droits une douleur fulgurante précédée d'un coup violent contre sa peau. Deux balles venaient de l'atteindre en même temps, et les chocs vaguement perçus près de lui prirent, en une seconde, toute leur signification. Il comprit que lui aussi venait d'être touché et en conçut un sentiment de délivrance, comme si la douleur fût préférable à la peur de la douleur.

Son élan l'entraîna au fond d'un entonnoir gluant, où il retrouva l'un de ses camarades qui s'appelait Camoins. Touché à la poitrine, celui-ci respirait à peine et se sentait mourir. Il le dit d'une voix calme à Antonin, qui, couché contre lui, sentait le long de ses doigts ce frémissement continu de la vie qui s'en va. Quand ce fut terminé, se tournant sur le côté, Antonin ferma les yeux clairs de son camarade, où subsistait une interrogation muette : pourquoi ?

Il y songea souvent par la suite, et connut chaque fois la même désespérance, torturé par l'idée que nul ne pouvait justifier cette guerre où les soldats français n'avaient rien à défendre, sinon l'orgueil de leurs gouvernants et l'argent des banquiers. Lui-même, paysan d'un causse paisible, égaré dans cette folle tuerie, n'aurait jamais dû accepter cette cassure si stupide avec sa véritable vie, celle des hautes terres où il était heureux à l'écart des machinations politiques qui fermentent ailleurs pour le malheur des hommes.

C'est à cela qu'il songeait, seul avec un mort dans l'entonnoir boueux, la jambe et le bras droits brisés. Combien de temps dut-il attendre les secours ? Il ne s'en souvint guère, mais la nuit passée dans le trou, où il appelait vainement des larmes capables de soulager sa souffrance, lui parut la plus longue de sa vie. Il réussit, à la lueur de la lune, à réduire ses fractures avec sa main gauche, mais l'engourdissement dû au froid le gagna peu à peu et il tomba dans une langueur agréable d'où la sensation de ne pas être en danger de mort émergeait par instants. Plus tard, au milieu de la nuit, la peur de perdre une jambe ou un bras s'insinua dans son esprit embrumé. Il s'imagina assis, inutile et malheureux près de la batteuse à vapeur, à l'image des ouvriers mutilés. Il pensa aussi à son père, à son ardeur au travail et à sa vaillance, à sa mère, si proche qu'il sentait ses mains sur lui dans son demi-sommeil. Il s'éveilla en sursaut, retenant un cri : des rats couraient sur sa jambe, attirés par les plaies. Il parvint à les chasser, puis il s'assoupit de nouveau. Alors ils revinrent, poussant leurs couinements insupportables, cherchant la chair sous l'étoffe rougie. Il les chassa encore, s'étonna du silence environnant, comme si d'un coup le monde avait basculé avec lui dans sa prison de terre.

L'aube enfin se leva, aussi pure que celle des jours précédents, et avec elle s'éveilla le bruit des obus et des mitrailleuses. Le froid et la fatigue finirent par avoir raison d'Antonin : il perdit la notion du temps. Ce qui se passa par la suite lui fut seulement raconté :

une section battant en retraite dut s'abriter dans un boyau proche de l'entonnoir où il gisait. Deux hommes n'eurent pas le temps d'atteindre la tranchée et glissèrent au fond du trou. Ils constatèrent que Laforgue respirait encore, le chargèrent sur leurs épaules et le déposèrent à l'intérieur des lignes françaises, où des brancardiers furent appelés. Ils diagnostiquèrent deux fractures ouvertes qu'ils immobilisèrent avec des morceaux de drap, puis ils partirent dans le dédale des tranchées, arrachant leurs pieds d'une boue épaisse à chaque foulée. Six heures plus tard, Antonin entra à l'hôpital militaire de Verdun. Il fut question de couper la jambe où l'infection avait eu le temps de faire son œuvre, mais le médecin militaire, qui officiait avec des moyens de fortune, fit pendant la première nuit des cataplasmes de plantes, après avoir désinfecté les deux blessures. La brûlure atroce de l'alcool sur les plaies à vif fit hurler Antonin mais le sauva de l'amputation.

Au bout d'un mois passé sur un matelas parmi les râles des blessés, il fut transféré à Toulouse dans un camion ouvert aux rafales de pluie et de vent. Il n'était pas question de renvoyer au front un homme incapable de marcher ni de tenir un fusil. Dès son arrivée à l'hôpital de Toulouse, le médecin-chef décida de casser les os mal soudés. Il sauva ainsi la vie d'Antonin : en effet, à la suite de cette intervention, le cal se reforma à peine, la jambe de Laforgue devint d'une minceur de cep de vigne, son avant-bras resta tordu. Pour lui, la guerre était finie.

Les longs mois passés à Toulouse furent des mois d'ennui et d'inquiétude. Il se languissait des Bories, dont il recevait des nouvelles par sa mère et par Antoinette, mais insuffisantes à son gré. Les femmes ne parlaient ni des récoltes ni de ses camarades partis en même temps que lui. Il attendit donc avec impatience sa première permission, accordée après qu'il eut fait quelques pas avec une canne, au mois de juin 1916.

Le train le laissa en gare de Souillac, sur la ligne Brive-Toulouse. Dès la sortie du bourg, il trouva une charrette de meunier qui l'emmena jusqu'à Martel. Là, il partit à pied vers Les Bories et oublia bien vite la canne et la douleur dans sa jambe en retrouvant les bergeries, les murs de lauzes, les pierres chaudes, les genévriers et les petits chênes qu'il avait crus perdus à jamais.

A mi-pente, il s'arrêta pour souffler un peu dans une grange, s'allongea sur un lit de paille à odeur de suint, et le bonheur l'étouffa. Il enfouit sa tête pendant un long moment dans l'âcre senteur des herbes, quelques sanglots vinrent mourir au bord de ses lèvres, puis il ne bougea plus. Une immense plaie creva au fond de lui et s'écoula dans ce lit plein de l'odeur des brebis, la seule à l'émouvoir au point de lui faire oublier son cauchemar de plus d'une année. Il se recroquevilla à la manière d'un enfant, retrouvant en un éclair les sensations enfuies, se nourrit d'elles, s'en imprégna jusqu'à ce qu'il fût libéré de l'humeur mauvaise accumulée en lui. Alors, seulement, il se leva, reprit sa route sous le chaud soleil de juin, sans rencontrer personne.

Il fut étonné par le spectacle des foins trop hauts et déjà flétris. Montant lentement le chemin, il ramassa quelques touffes de sauge en bordure d'un champ inculte. L'étonnement fit place en lui à un début de contrariété : il revoyait ce champ des Maréchal débordant d'épis à l'époque des moissons, il revivait le plaisir des moissonneurs, apercevait le ruisseau jaune des grains coulant dans un grand bac en bois, l'épaisse poussière au parfum de pain qui montait déjà des gerbes. Mais, ce jour-là, rien de tel : une terre brune parsemée d'herbes folles, quelques ronces à l'orée, presque une friche. Un terrible soupçon le prit, tandis que, avançant toujours, il longeait d'autres champs, d'autres prés en pareil état.

Bientôt il arriva sur la placette écrasée de soleil et, crut-il, pour cette raison déserte. Le cœur fou, il marcha vers son milieu, oppressé par un silence si poignant qu'il pensa aux tranchées après la fusillade. Allait-il être poursuivi sa vie entière ? Saisi d'une peur soudaine, il se hâta de prendre le sentier qui menait vers sa maisonnette. Là, au moins, il savait ce qu'il trouverait.

Les deux femmes s'inquiétèrent de ses blessures et palpèrent son grand corps à tour de rôle. La mère ne pouvait pas se détacher de lui, répétait inlassablement les mêmes mots d'une voix plaintive :

— *Coï tu moun fil, coï bé tu !*

C'était bien son fils, en effet, mais combien changé ! Elle le fit asseoir, lui versa un verre d'eau-de-vie, tourna autour de lui comme pour le redécouvrir et le faire sien de nouveau. Il demanda alors des nouvelles de ses camarades et se heurta au silence des deux femmes. Croyant n'avoir pas été entendu, il insista, mais sans succès. Il dut attendre que sa mère lui donne une assiette de soupe fumante. Alors, elle s'assit enfin en face de lui.

— Mon pauvre petit, soupira-t-elle, cette guerre nous a apporté la désolation. Tous ceux qui sont partis sont morts. Pas une seule famille n'a été épargnée. A ce jour, tu es le seul à être rentré.

Il eut l'impression d'un grand vide s'ouvrant sous ses pieds, d'un manque d'air dans ses poumons. Était-ce possible ? Abel, Éloi et Lucien disparus pour toujours ?

La mère hocha la tête tristement.

— Tous, mon petit, tous, Il n'y a presque plus d'hommes, ici, à part les vieux. D'ailleurs, tu as dû te rendre compte de l'état des cultures... Nous avons fait tout ce que nous avons pu, mais on ne remplace pas facilement des bras habitués aux labours.

Laforgue songea aussitôt à son bras et à sa jambe blessés, s'imagina impuissant au bord des champs travaillés par les femmes. Pour la première fois, l'idée du vague regret germa dans sa tête : n'eût-il pas mieux valu mourir que de connaître une telle défaite ?

Les femmes, maintenant détendues, parlaient ensemble du village, des familles, de leur nouvelle vie. Il écoutait à peine : trop de questions se bousculaient en lui. Il aurait voulu s'isoler pour réfléchir, retrouver la sensation de paix ressentie dans la grange du versant, une heure auparavant, mais il n'en eut pas le temps. Benjamin Bayle et Gontran Vergne arrivèrent, terriblement vieillis l'un et l'autre.

— Bien de la chance que tu as eue, Antonin, dirent-ils, avec, sembla-t-il à Laforgue, une pointe d'amertume.

Comme il restait sans parler, ils le questionnèrent sur cette fameuse guerre dont les journaux taisaient la véritable horreur. Mais eux la devinaient, malgré leur peu de savoir, au travers des lettres de l'armée annonçant la mort de leurs enfants. Comment tant de violence et tant de fureur pouvaient-elles exister ? Ils attendaient des explications afin de se faire une idée des conditions dans lesquelles étaient morts leurs garçons, et de les rejoindre par ce moyen une dernière fois, comme s'ils n'étaient pas tout à fait certains de leur disparition. Assis au cantou, Antonin ne trouvait pas les mots. D'autres hommes et d'autres femmes étaient arrivés, l'observaient avec curiosité. Il lui sembla se trouver sur un banc d'accusé ; il parla des arbres, de leur craquement sinistre, de la boue des tranchées, des trous d'obus, mais ils l'interrogèrent encore, demandant toujours plus. Son sentiment de culpabilité augmenta. Il était là, bien vivant malgré ses blessures, et cependant incapable de donner ce que les habitants du village attendaient de lui. Il finit par comprendre : c'était des explications sur sa présence qu'ils souhaitaient. Alors il se leva et partit sur les terres hautes, convaincu d'une faute infamante qu'il lui fallait expier.

Il resta quinze jours enfermé dans sa maison, sous le regard inquiet des deux femmes qui gardèrent le silence. Elles, au moins, avaient deviné qu'il y a des choses inavouables à cacher tout au fond de soi.

Il rentra à Toulouse en juillet avec soulagement. Le moral des militaires s'améliorait : malgré leurs assauts répétés, les Allemands n'avaient pu prendre Verdun. Plus d'une année passa, entrecoupée de permissions toutes aussi pénibles pour Antonin, si bien qu'il se demanda s'il aurait le courage de regagner définitivement Les Bories lors de sa libération. Il boitait toujours et restait incapable de porter la moindre charge avec son bras droit. Il dissimulait ses blessures lors des contrôles passés à l'infirmerie dans l'espoir de repartir pour le front, mais il devait se rendre à l'évidence : il était désormais diminué. Il fut réformé un peu avant la Noël de l'année 1917.

Malgré son retour, il n'y eut, dans la maisonnette, ni fête ni veillée. Antonin trouva même les crêpes fades. Il n'accompagna pas sa mère et sa sœur à la messe de minuit, préférant rester seul au coin du feu. Le Nouvel An arriva, puis Pâques, tout fleuri de gelées. Avec les beaux jours, il essaya de remettre les champs en état, d'aider les femmes, se mêlant aux vieux qui avaient repris le travail. Mais il ne pouvait besogner sans lâcher son outil, ou tomber en portant un fardeau. Alors il partait sur le causse avec son chien et s'allongeait au fond des combes silencieuses, comme s'il espérait s'enfouir sous terre et disparaître à jamais.

Le 11 novembre 1918, quand les cloches se mirent à sonner, il suivit sa mère et sa sœur sur la place où s'étaient rassemblés les villageois. Beaucoup pleuraient, d'autres s'embrassaient, tous éprouvaient plus de soulagement que de véritable joie. Le maire prononça un petit discours au cours duquel il évoqua les disparus. Un long silence lui succéda. Il sembla à Antonin que des têtes se tournaient vers lui, le désignant à une sorte de vindicte dont il ne connaissait même pas les raisons. Il s'en alla lentement, tête baissée, quitta son village où il lui semblait être devenu indésirable. Il monta sur le plateau, escalada la colline jusqu'à son point culminant, s'assit sous un chêne et ferma les yeux un moment. Il entendit alors dans les lointains les notes grêles d'une cabrette, puis, un peu plus loin dans la vallée, des chants de jeunes garçons et de jeunes filles qui éveillèrent en lui des souvenirs délicieux. Quelques larmes coulèrent de ses yeux vers ses lèvres, et il les fit hâtivement disparaître d'un coup de langue. Il revécut en un instant les mois passés dans les tranchées, entendit les impacts des obus et les cris des blessés couchés dans la boue. Il se demanda s'il ne s'agissait pas d'un horrible rêve, puisque ses terres demeuraient les mêmes, paisibles et bercées par le vent, à l'abri du temps. Il se surprit à sourire, mais une douleur dans sa jambe et dans son bras le ramena dans l'entonnoir boueux qui avait failli lui servir de cercueil. Il comprit alors qu'il ne lui échapperait jamais, que toute sa vie ses membres douloureux lui restitueraient le souvenir d'une période effroyable, que la guerre était entrée en lui pour toujours et ne le quitterait jamais.

2.

La vie reprit aux Bories, un jour poussant l'autre, malgré le souvenir des disparus et les brusques changements suscités par la guerre.

Les grandes propriétés dépendantes des châteaux et des maisons bourgeoises étaient restées incultes pendant quatre longues années, du fait de la mobilisation des métayers. Toute une noblesse terrienne disparut alors, provoquant une nouvelle répartition des parcelles. Les anciens propriétaires partirent vers les grandes villes, Toulouse ou Paris, pour travailler dans les services publics, après avoir cédé leurs terres aux plus riches, ceux du moins qui avaient eu la chance de voir leurs enfants revenir. Ils les installèrent après leur mariage avec, le plus souvent, de jeunes veuves ayant enfants à charge. Certaines d'entre elles partirent dans les bourgs de la plaine où, les foires ayant repris, elles trouvèrent un emploi de lingère dans les auberges.

Ce fut la première grande mutation des campagnes, et du causse quercinois.

La mère Laforgue, pourtant, n'acheta rien, pas même la moindre combe rocailleuse. Bien au contraire n'ayant plus de blé sur pied, et donc plus de farine, elle ne put pétrir le fameux pain d'avant les années noires. Sur le causse, ce fut une période bien difficile pour tous : des pommes de terre matin, midi et soir ! Antonin enrageait de ne pouvoir travailler, les femmes l'observaient à la dérobée, sortant à tour de rôle pour chercher des légumes et du bois. Il braconnait de son mieux, mais pas avec la même adresse, et c'est à peine s'il prenait quelques grives aux gluaux ou tuait un lapineau à l'affût.

De surcroît, l'hiver 1918-1919 fut un hiver glacial et neigeux. Cette neige gelait au contact du sol à cause du vent du nord soufflant en rafales furieuses, avec un acharnement de fin du monde. Pas question pour Antonin de partir à l'espère des lièvres la nuit, au risque de glisser et de se briser à nouveau une jambe. La famille Laforgue, comme bien d'autres, eut froid et faim, resta calfeutrée auprès du cantou, attendit des temps meilleurs, lutta avec obstination et sans plainte contre les difficultés du moment. Et puis l'hiver passa, comme la guerre était passée, le printemps arrivant début avril, illuminé de pervenches et de boutons-d'or. A force de persévérance, la jambe et le bras de Laforgue reprirent de la vigueur. Après tout, se disait-il, l'année 1919 ne peut pas être pire que les précédentes. C'est pourtant celle-là que choisit Antoinette, sa sœur, pour partir, les laissant seuls, la mère et lui, une écharde plantée en plein cœur.

Elle avait réclamé sa part d'héritage, en mai, pour se marier avec un nommé Firmin, rencontré dans une foire. Comme il était le septième d'une famille nombreuse, celui-ci ne possédait rien. La mère Laforgue, d'abord surprise, ne voulut rien céder, refusa même son consentement au mariage. Quant à installer un étranger dans la maison, c'était évidemment hors de question : comment une si petite propriété eût-elle fait vivre quatre personnes plus d'éventuels enfants, alors qu'à trois ils n'avaient pas mangé à leur faim pendant l'hiver ?

Un soir de septembre, après une dispute plus violente que les précédentes, Antoinette prétexta l'oubli de sa pèlerine dans la bergerie pour sortir, et elle ne revint pas. Antonin la chercha toute la nuit, criant comme un désespéré dans les combes, battant les bois, courant la lande, mais en vain. Il apprit au matin qu'elle était partie avec son fiancé en gare de Martel. Il essaya de se persuader de son retour, passé le caprice, mais la mère n'accepta jamais cette fuite honteuse. Sa fille vivait comme une femme de mauvaise vie, il s'agissait d'une faute impardonnable.

— Pour moi, elle est morte ! criait-elle à Antonin s'il tentait de lui faire entendre raison.

Les jours passèrent, puis les mois, et il finit par se résigner. D'ailleurs, où la chercher ? Il n'en avait aucune idée. Les gendarmes ? Jamais l'un d'entre eux n'avait mis les pieds dans la maison Laforgue. Ce fut le temps du silence et du malheur. La mère vieillit de vingt années en quelques mois, se replia en elle-même, répétant chaque jour les mêmes terribles mots qui brisaient le courage d'Antonin :

— *Mé parlo plus d'oquello galoupaïre !*

Et cependant, Armandine attendait. Le menuisier coureur de jupons était mort, lui aussi, non pas de la guerre, mais de la grippe espagnole en 1917. Armandine vivait avec sa mère dans leur maisonnette, espérant l'homme qui reprendrait le rabot et la scie. Antonin ne se sentait pas le cœur de quitter sa mère, à l'idée de la savoir seule, désormais, et rongée par le souvenir d'Antoinette. Il rencontrait sa promise souvent, ils parlaient de leur avenir, de leur famille.

— Antonin, lui dit-elle, un soir où la lune projetait sur les terres hautes sa fragile lumière, tu ne me demanderas donc jamais ? Aurai-je attendu si longtemps pour rien ?

Il promit de parler du mariage à sa mère dès le lendemain, mais n'en eut pas la force. Il se reprochait de ne s'être pas marié dès son retour de la guerre, mais se souvenait aussitôt de sa honte, alors, à se montrer avec sa canne, incapable qu'il était de tenir le moindre outil dans les mains. Il avait fallu qu'Armandine vînt le chercher, lui reprochant gentiment de l'avoir délaissée si longtemps. Il lui avait alors promis « de la marier » dès qu'il aurait retrouvé l'usage normal de son bras. Puis les mois avaient passé, il s'était habitué à la discrète présence d'Armandine, mais ne s'était pas décidé, par scrupule, à sauter le pas. Il fallut bien avouer qu'il ne se sentait pas le courage d'abandonner la mère à sa solitude. Armandine reçut la nouvelle sans colère, mais la douleur, ce soir-là, les brisa l'un et l'autre. Ils pleurèrent ensemble, appuyés au mur de lauzes d'un chemin creux, incapables de mettre un terme à leur rencontre, la dernière après tant d'années d'espérance. Elle partit la première, alors que le vent de nuit chantait dans les genièvres, comme pour bercer leur peine.

— Nous nous perdons avant d'avoir été unis, mon bon Antonin, dit-elle. Je peux bien te le dire maintenant : il y a longtemps que ma mère veut vendre et s'en aller à la ville pour y chercher du travail... Nous quitterons Les Bories à la Saint-Jean.

Elles partirent à la date prévue, laissant Antonin

avec un chagrin si profond qu'il se cachait dans les bois des journées entières, insensible à la luminosité extraordinaire du causse, à la mouvance colorée des feuilles de chêne.

La mère, de son côté, finit de se gâter comme une pêche de vigne, et Antonin souffrit de la trouver ainsi fanée, alors qu'il gardait en lui l'image d'une jeune femme revenant de Martel, son vieux manteau couvert de neige, la paille débordant de ses sabots. Elle enlevait son fichu noir sitôt la porte refermée, venait près de l'âtre, offrait ses mains à la chaleur des flammes puis se retournait, rieuse, vers Antoinette et Antonin qui attendaient. Elle sortait de sa poche l'orange de Noël enveloppée dans un papier soyeux, s'approchait d'eux, les serrait sur son cœur sans parler...

Désormais, elle n'était plus la même. Cette évidence le persuadait d'un drame qui le dépassait, comme le dépassait le cours de sa vie depuis l'année 1915. Il tenta deux ou trois fois de s'ouvrir à la mère, dans l'espoir fou d'aller rechercher Armandine, mais sans vraiment dévoiler le fond de sa pensée.

La période qui suivit fut sans joie. Autour d'Antonin, tout changea. Dès 1920, Gontran Vergne acheta une batteuse équipée d'expulseurs de balles et d'un attache-paille économisant de sept à huit hommes. C'en était fini, ou presque, des banquets. Ceux qui avaient remis leur champ de blé en état louèrent la machine de Gontran et ne sollicitèrent l'aide de personne. Les gens des Bories demeurèrent chez eux, évitant les veillées, les réunions laborieuses, comme pour dissimuler aux yeux des autres des peines trop lourdes à porter.

De plus, comme beaucoup avaient dû vendre des

brebis pendant les années difficiles, les troupeaux diminuaient. Le fourrage d'hiver devenu moins nécessaire, les fenaisons ne duraient pas longtemps. Finies les fêtes de juin ! On rentrait simplement le foin sur deux crochets en bois disposés de chaque côté d'un bât, et les chars restaient dans les granges. Le village perdit de son animation. Les cris des enfants ne retentissaient plus sur la placette, comme autrefois, dans l'ensoleillement des jours et des esprits.

Les foires recommencèrent seulement vers 1925, puis les feux de la Saint-Jean, les fêtes du carnaval et les paillades réapparurent à mesure que les cicatrices des années de guerre s'estompèrent. Il avait fallu du temps. Sur le causse, en effet, les villageois s'étaient isolés dans le travail, et ils oubliaient difficilement les épreuves passées. Cependant, vers cette époque, le village s'ouvrit davantage au monde extérieur, avec l'arrivée du journal *La Dépêche du Midi*, que Gontran Vergne faisait venir à la mairie, malgré la réprobation du curé Raynal, qui dénonçait dans ces feuilles la présence de la franc-maçonnerie. Les préoccupations politiques apportèrent un peu d'animation mais finirent par dresser une partie du village contre l'autre : la calotte contre les radicaux. Herriot, Briand, Poincaré furent le centre de discussions passionnées qui se terminaient parfois en dispute. Chacun le regrettait le lendemain, mais n'était pas fâché de pigmenter ainsi son existence.

La crise économique arriva bientôt, apportant avec elle l'effondrement des prix du blé et du vin. Sur le causse, on ne produisait que pour sa propre consommation et on ne vendait guère. Toutefois, l'effet de la crise fut catastrophique pour les producteurs des vallées. Les foires devinrent alors des foyers de révolte où la colère troubla le plaisir traditionnel des retrouvailles.

Antonin, pour sa part, avait à grand-peine semé le blé et récolté en temps voulu, ce qui les mit, sa mère et lui, à l'abri du besoin. Il lui restait difficile de descendre sur le versant où se trouvait sa vigne. Envahie par les herbes, elle donnait le même bon raisin, mais en petite quantité, ce qui l'obligeait à fabriquer une piquette au goût de vin clairet.

La mère et lui souffrirent beaucoup moins de ces années de crise que des années consécutives à la guerre. Ils vivaient en autarcie, étrangers aux circuits commerciaux. Ils furent donc préservés des soubresauts du pays jusqu'au moment du Front populaire. La semaine de quarante heures, les congés payés attirèrent alors ceux qui en avaient assez de trimer pour des prunes, de l'aube au crépuscule. Quinze jours payés à ne rien faire ! Ils n'en croyaient pas leurs oreilles. Jamais personne, aux Bories, n'avait pris les moindres vacances. Pas même Gontran Vergne, le maire, dont les ressources, pourtant, auraient pu le lui permettre. Quelques départs accentuèrent la désertion du village. La mise en place de l'Office du blé, par lequel les messieurs de Paris garantissaient un prix stable, ne résolut rien. Les bourgs de la vallée commencèrent à perdre leur population. Les grandes villes, comme Brive, Cahors, Figeac, Montauban et Toulouse, reçurent un premier apport des campagnes qu'enrayèrent seulement les menaces d'un nouveau conflit mondial.

Laforgue ouvrait le journal avec appréhension car il retrouvait les mêmes mots d'avant 1914. La mère, elle, assurait que personne n'était assez fou pour risquer une nouvelle guerre, mais Antonin, qui se souvenait des folles tueries de 1915, s'attendait au pire. Le pire arriva mais ce ne fut pas celui qu'il redoutait : la vie s'ingénia toujours à lui réserver de douloureuses surprises.

3.

La mère tomba malade pendant le mois de décembre 1938. Il la trouva, un soir, gisant sur la terre battue de la cuisine, alors qu'il rentrait de garder les brebis. Elle se plaignait de la tête et remuait difficilement son bras et sa jambe gauches. Il la porta sur son lit, où il lui fit boire du tilleul, essayant vainement de lui tirer quelques paroles. Il décida d'attendre le lendemain pour prendre des dispositions, posa à tout hasard deux cataplasmes de sauge sur les membres noueux comme une branche morte, et se coucha.

Le lendemain matin, le mal avait empiré. Elle gémissait doucement, portant sur lui un regard implorant, toujours incapable de parler clairement. Croyant à quelque fracture, Antonin décida d'aller chercher le rebouteux de Floirac. Il confia la garde de sa mère à la femme de Vergne et partit le matin suivant, dès le lever du jour, dans les bourrasques de vent qui charriaient de gros nuages. Mal abrité dans la charrette, il se protégeait d'un sac de jute posé en capuchon sur sa tête et noué par une ficelle autour de son cou. A Floirac, l'homme lui demanda de quoi il s'agissait, exigea des explications, promit à contrecœur de venir aux Bories avant trois jours. Il vint effectivement, mais six jours plus tard, alors que l'état de la mère Laforgue s'améliorait. Il palpa les jambes, les bras, le cou de la malade, l'examina longuement et dit :

— Je peux rien faire, mon pauvre ; ça vient de la tête. C'est fréquent chez ceux qui ont le sang trop fort : un vaisseau casse et voilà !

Il réfléchit un instant, ajouta :

— Des fois, ça s'améliore avec le temps.

— Qu'est-ce qu'elle va devenir ? demanda Laforgue, préoccupé.

Le rebouteux recommanda un remède de sa composition : bains de pieds et de mains avec une préparation à base d'ail, d'aubépine, de chélidoine et de fleurs de genêt.

Il partit, emportant pour prix de sa visite une poulette de l'année, ajoutant pour finir :

— De la patience, et encore de la patience. Faudrait qu'elle se mette à la diète.

Laforgue n'en dit rien, mais il était persuadé que la maladie était due au départ d'Antoinette. La mère s'était fermée, avait gardé son mal tout au fond d'elle, et son cerveau avait fini par céder. Il fit les bains de pieds et de mains recommandés par le rebouteux, mais ce ne fut pas sans problème : la pauvre femme avait son caractère, et on ne la manipulait pas aussi facilement.

Les jours passèrent, apportant leur lot de soucis auxquels, au début, il n'avait pas songé. Désormais seul pour travailler les champs, garder les brebis, tenir la maison, faire la cuisine, il s'inquiéta de ne pas y parvenir, et la mère avec lui. Pour eux, le Noël de cette année-là fut chargé de tracas. Antonin taisait ses préoccupations de son mieux. Sur son lit de douleur, la mère n'était pas dupe. Elle tissait, heure après heure, la toile noire d'un avenir incertain. Désespérée de n'être d'aucun secours à son fils, de plus en plus consciente de son état, elle finit par se remettre à parler pendant les premiers jours de 1939, d'abord en bégayant, avec ensuite plus de facilité. Les mots qu'elle prononça semblèrent à Antonin provenir d'une femme qu'il ne connaissait pas :

— Telle que je suis partie, Antonin, j'en ai encore pour un bon moment au lit... Et qui sait si un jour je pourrai remarcher... Il faudrait peut-être que tu prennes femme.

Il ne répondit rien sur l'instant, mais pendant la nuit qui suivit le souvenir d'Armandine le tint éveillé, une souffrance bien connue enfla peu à peu en lui comme un ruisseau sous l'orage. Il revit le beau visage de sa promise, son sourire, ses yeux timides, entendit sa voix pleine de tristesse le jour de leur séparation. Hélas ! Il était trop tard aujourd'hui : partie depuis dix ans, la belle Armandine, sur les conseils de sa mère, avait épousé un bourrelier de Figeac, où elle vivait encore, malgré la mort de sa mère en 1936.

Ce matin-là, dans l'aube froide de janvier, Antonin, bouleversé par les souvenirs de la nuit, hésita à entrer dans la chambre de sa mère. Il sortit, s'attarda sur le seuil d'où il apercevait, entre les nappes de brouillard, d'étranges arabesques parmi les couleurs cendrées du jour. Sa vie ne ressemblait-elle pas à cette pâle lumière perforée çà et là d'arbustes noircis ? Les corps des disparus bien-aimés n'étaient-ils pas ces moignons de chênes peu à peu ensevelis par la brume du temps ? Sa vie ne fuyait-elle pas à la vitesse des nappes grises poussées par le vent d'ouest ? Une grande tristesse coulait sur lui à l'idée de ces joies perdues avant d'avoir été éprouvées. Par la faute de qui ? Il n'aurait su le dire. La mère n'était bien sûr ni responsable de son veuvage ni de sa maladie. Armandine, qui avait attendu si longtemps, n'avait rien à se reprocher. Quant à lui, comment aurait-il pu se soustraire à la guerre d'abord, aux obligations naturelles vis-à-vis de sa mère ensuite ? Personne n'était coupable, et il fallait continuer de vivre...

Il espéra un rayon de soleil, qui vint un peu plus tard timidement déchirer un nuage bas. Sa décision prise, il rentra donner une réponse positive à sa mère.

— A quarante ans, un homme n'est pas vieux, dit-elle. Tu n'as qu'à chercher ta meilleure chemise ; je la repriserai.

A partir de ce jour, il se renseigna dans les foires et dans les fermes, mais personne ne put lui indiquer un parti honnête. Il patienta jusqu'au printemps avant de partir en quête d'une femme bonne et courageuse, capable de s'occuper d'une maison. Le soleil fut au rendez-vous dès les premiers jours d'avril. Rasé de frais, vêtu de son pantalon de velours marron, de sa chemise rapiécée, chaussé de ses sabots propres, il attela sa charrette vers les dix heures et partit en direction de Gramat, bien décidé à pousser jusqu'à Figeac, si nécessaire, en suivant les villages. Il avait confié la garde de la mère à la tante de Marie Vergne, en disant qu'il serait de retour avant deux ou trois jours.

Le premier village où il arriva, dans cette matinée qui sentait bon le genièvre et l'herbe reverdie, paraissait désert. Il trouva un vieux qui tirait l'eau de son puits, lui donna le bonjour tout en serrant le frein de la charrette. Ils restèrent un long moment face à face, silencieux ; il fallait bien qu'Antonin se décide :

— Je vais vous poser une question qui va bien vous surprendre, mon pauvre monsieur, dit-il... Est-ce que vous avez une fille à marier ?

— Une fille à marier ! répéta le vieux en ouvrant de grands yeux, stupéfait comme s'il avait aperçu le merle bleu.

— Oui ! Je cherche une femme pour vivre avec moi et tenir la maison.

Et il ajouta, pour rassurer :

— Je suis un Laforgue, des Bories.

Le vieux le considéra longuement en écartant les bras. Et de répondre :

— Mon pauvre, j'ai deux gars célibataires à la maison. Tu penses bien que s'il y avait une fille dans le coin, ils y auraient pensé depuis longtemps.

Antonin remercia, parla encore un peu par politesse, puis tira sur les rênes et poursuivit sa route. Ce jour-là, il visita une quinzaine de villages où on lui fit des réponses semblables. Certains lui indiquèrent le chemin des fermes isolées où habitaient des jeunes filles, mais il ne fit pas le détour. Les mariages entre un vieux et une fille, s'ils étaient fréquents à l'époque en raison des arrangements de famille, avaient toujours choqué Antonin. Il avait redouté autrefois, quand Armandine avait quinze ans, de la voir livrée à un vieux riche, forcée par ses parents trop heureux de l'unir à un bon parti.

Quand la nuit tomba, tout auréolée d'étoiles, il trouva une ferme où, après s'être fait connaître, il demanda un peu de soupe et de la paille pour dormir.

Il passa une nuit sans rêve, repartit le lendemain dès l'aube après un peu de toilette à l'eau du puits, sans avoir obtenu de ses hôtes le moindre renseignement. Le temps se gâtait : le vent d'ouest s'était levé, apportant ses bourrasques tièdes et quelques gouttes de pluie. Laforgue voyagea toute la matinée sans succès, mangea un chanteau de pain et une pomme, arriva au début de l'après-midi dans les environs d'Espédaillac avec une pointe de découragement. Là, en bordure d'une vigne et tout près d'un petit bois de chênes, une femme faisait brûler des herbes. Plusieurs petits foyers avivés par le vent chaud gagnaient vers la vigne et menaçaient les ceps. Elle appela Antonin avec un air si effrayé qu'il descendit promptement de sa charrette. Il s'empara d'une fourche et se mit à frapper sur les flammèches, tandis que la femme agissait de même un peu plus loin. A eux deux, ils ralentirent l'avance des flammes et, bientôt, le feu se consuma de lui-même, sans autre danger.

S'essuyant le front d'un revers de bras et repoussant les mèches folles de ses cheveux bruns, la femme dit très vite, comme apeurée :

— Je vous remercie bien, monsieur, mais vous devriez partir maintenant.

Un peu surpris, Antonin fit un pas vers le chemin, mais à la pensée de tous les kilomètres parcourus, de cette femme seule si proche de lui, il s'assit sur la murette qui bordait la vigne et demanda :

— C'est de votre mari que vous avez si peur ?

La femme resta un instant silencieuse, hésitant à répondre, puis elle se décida brusquement, jugeant sans doute qu'elle pouvait se confier :

— Mon mari est mort il y a dix ans d'une double pneumonie, mais comme je suis la « gendresse », je n'ai rien à moi, ici. Alors ils m'emploient à tout faire.

— Ses parents ?

— Non, le frère de mon mari qui a repris la ferme.

— Il est marié ?

— Oh oui ! Même qu'ils s'entendent bien tous les deux pour me trouver de l'ouvrage... Mais partez vite, monsieur : s'il me voit avec un homme, il est capable de me battre.

— Qu'est-ce qui vous retient ici ?

— Rien du tout, mais où voulez-vous que j'aille ? Ma famille est de Valence-d'Agen, ils n'ont pas besoin de moi, là-bas...

Elle n'était pas très jolie, Mélanie, avec son front haut, ses lèvres trop épaisses, son nez large légèrement dévié, mais ses grands yeux marron témoignaient d'une bonté qu'Antonin devina tout de suite. Il n'eut jamais pour elle de l'amour, à la différence d'Armandine, mais ils finirent par se donner l'un à l'autre beaucoup de tendresse.

Il revint deux fois la voir avant le mariage, qui fut décidé pour le mois d'août. Elle lui avoua n'avoir pas eu d'enfants et ne pas savoir si elle en était responsable ou si c'était son défunt mari. Il en fut un peu contrarié, car une grande espérance était née en lui à l'idée d'avoir un jour un héritier, mais il n'en dit rien à Mélanie. Quand tout fut précisé entre eux, il partit à la ferme où elle vivait, expliqua l'affaire sans détour au maître de maison. Celui-ci lui proféra des menaces, mais, devant l'assurance d'Antonin, il finit par céder, convaincu à la fin de n'avoir aucun droit sur Mélanie.

Ils se marièrent un mois avant le début de la

guerre. La mère se portait de mieux en mieux, et c'était miracle. Elle prétendait que toutes les prières envoyées au Bon Dieu de son lit l'aidaient à guérir plus vite. Son bras gauche avait retrouvé de la force et sa jambe, où le sang cognait à nouveau dans les veines, la démangeait. Elle put s'asseoir pendant le repas de mariage qui n'eut, hélas, rien d'un festin. Au menu figurèrent du pâté, deux poules farcies avec des haricots verts et un gâteau de pommes. Qu'importe ! Antonin avait réuni une vingtaine de personnes, dont les Vergne, qui firent cadeau d'une paire de draps. Une belle journée, durant laquelle Mélanie s'affaira dans la maison comme si elle y avait toujours vécu, s'occupa de la mère avec dévouement.

C'eût été du bon temps si les menaces de la guerre ne s'étaient pas précisées de façon dramatique. *La Dépêche* du 24 août titrait sur le pacte de non-agression germano-soviétique, qui laissait à Hitler le champ libre en Pologne. Aux Bories, il y avait ceux qui croyaient à la guerre et ceux qui la jugeaient impossible. Les discussions allaient bon train dans la maison du maire, où Antonin se rendait chaque matin en rentrant des champs. Quand la nouvelle de l'invasion de la Pologne parvint au village, le 2 septembre, Antonin sut que tout était fini. Ce fut sans surprise qu'il entendit sonner le glas, le lendemain, alors qu'il était dans sa vigne en train de nettoyer les allées en prévision des vendanges. Il abandonna ses outils et monta lentement vers la placette où les uns tentaient de rassurer les autres en vantant les mérites de la ligne Maginot, puis il rentra chez lui, s'assit au cantou et prit sa tête dans ses mains. Qu'allait-il leur arriver ? Il regrettait déjà de s'être marié, sachant que, s'il partait, il quitterait deux êtres chers au lieu d'un.

Il demeura silencieux jusqu'au repas, le regard perdu dans les cendres malgré les paroles apaisantes de la mère et le sourire affectueux de Mélanie.

Et puis ce fut la « drôle de guerre », un hiver très froid avec de nombreuses journées de neige, un printemps tardif balayé de glaciales giboulées, l'été et l'armistice de juin 1940, enfin, annoncé à la radio par le maréchal Pétain. Gontran Vergne avait acheté un poste de T.S.F. au début de l'année. Le 22 juin, les hommes des Bories attendaient autour de la table où trônait l'énorme poste brun, en buvant un peu d'eau-de-vie.

« L'heure est venue de cesser le combat », dit le vieux maréchal d'une voix morne que Laforgue n'aima pas du tout. Il lui sembla que sa guerre à lui n'avait servi à rien, que tous ses camarades étaient morts inutilement, puisque vingt ans plus tard la même guerre était perdue. Bien sûr, les combats allaient cesser et les enfants rentrer dans leur famille, mais de quel prix serait payée cette défaite ? Tous, ce jour-là, autour de la table, ressentirent à la fois du soulagement et de l'amertume. Les avions qui passaient depuis plus d'un mois sur le causse prouvaient assez que le plus difficile, peut-être, commençait.

La seule satisfaction pour Antonin était de voir sa mère et Mélanie faire bon ménage ; il se félicitait chaque jour d'avoir pris une telle femme. La mère marchait à l'aide d'une canne, mais l'ouvrage la fatiguait vite.

— Laissez donc, disait Mélanie, reposez-vous, je suis là.

Elle cuisinait avec un minimum de légumes et de viande, accommodait les salsifis et les pommes de terre, les haricots secs et le vieux lard, fabriquait des fromages avec trois fois moins de lait qu'il n'en fallait d'ordinaire.

Le four banal avait été remis en service depuis que les champs de blé avaient été relevés. Le meunier ne montait plus. Il fallait aller à Combenègre voir un nommé Bégou qui profitait de la pénurie et avait tendance à tricher sur la farine rendue. Mais le plaisir de manger à nouveau les tourtes dorées faisait pardonner bien des choses.

Deux années passèrent, durant lesquelles chacun fit face aux difficultés de son mieux, s'inquiétant de la progression des armées allemandes, s'accrochant aux moindres étincelles d'espoir, retombant enfin dans une sorte d'apathie chaque fois que les victoires ennemies étaient annoncées sur les ondes.

Tout cela changea dès que l'on entendit parler des représailles allemandes sur les « terroristes ». Antonin se renseigna auprès de Gontran Vergne, en qui il avait toute confiance. Il comprit que le maire travaillait depuis longtemps avec les maquisards, et, sur la recommandation de ce dernier, il resta prudent dans ses propos.

Aux Bories, certains collaboraient avec les gendarmes des bourgs de la plaine. Des affiches plaquées sur le chêne de la placette mettaient en garde les populations contre l'aide aux « terroristes ». Cependant, sur la terre rebelle du causse, l'idée parut séduisante à beaucoup, d'autant plus qu'on ne voyait guère les Allemands.

Ceux-ci restaient cantonnés dans les villes pour contrôler les populations trop importantes du fait de l'arrivée des réfugiés. Agen était passé de 25 000 à 45 000 habitants, Cahors de 12 000 à 60 000. A Toulouse, disait-on, ils étaient innombrables. On les logeait dans les écoles ou dans les halles, on organisait des secours, des repas collectifs, certains habitaient même chez les particuliers dont les maisons avaient été réquisitionnées.

Aux Bories, deux familles étaient arrivées en 1941 de la zone occupée. L'une était originaire de Mulhouse, l'autre de Lens : des gens bien honnêtes et travailleurs qui se louaient pour les travaux des champs en demandant simplement de la nourriture pour salaire. Le vieux D..., qui portait le béret basque, collectait des renseignements pour les fonctionnaires de Vichy ; les curés des campagnes avaient reçu des instructions de l'évêché pour collaborer avec les autorités en place. Le brave curé Raynal, lui, était bien incapable de dénoncer qui que ce soit : il se cachait pour venir écouter chez Gontran Vergne les émissions de Londres.

Depuis l'invasion de la zone sud et le sabordage de la flotte française à Toulon, on avait bien compris que pas un pouce du territoire n'échapperait aux Allemands. Les réfractaires au Service du travail obligatoire trouvèrent facilement des passeurs, à Cahors, pour rejoindre les maquis. Si Antonin avait hésité, c'était à la pensée d'abandonner sa mère et Mélanie. Il s'en félicita au mois de janvier 1944, ce jour de neige où Mélanie lui annonça qu'elle attendait un enfant. Un long moment sans voix, il demanda enfin si elle en était sûre, et, comme elle le lui confirmait en souriant, il entama autour de la table une ronde folle au terme de laquelle, sa jambe n'ayant pas résisté, il tomba sur le dos dans un grand cri de bonheur. Un enfant ! Combien de fois, dans ses rêves les plus secrets, avait-il caressé les cheveux d'un petit être imaginaire et senti sur sa peau son souffle léger ? Que de soupirs avait-il poussés à l'idée de rester solitaire et privé d'une telle joie au temps où, Armandine partie, il se désespérait de vieillir sans avoir connu ce plaisir ! Ce soir-là, près du cantou, des larmes brillaient dans ses yeux et dans ceux de Mélanie, tandis que, après le départ de la mère, il sentait monter en lui un tremblement terrible, de ses chevilles à ses épaules, comme si la terre avait participé avec lui à réaliser enfin la grande espérance de sa vie.

Ils se couchèrent très tard cette nuit-là, après avoir regardé infiniment mourir les braises dans l'âtre, les mains nouées, si près l'un de l'autre qu'il sembla à Antonin entendre déjà dans le ventre de sa femme une respiration fragile et d'autant plus aimée.

Moins d'une semaine plus tard, une nuit sans lune toute poudrée de neige, on frappa à la porte. Laforgue alluma une bougie, chaussa ses sabots et ouvrit. C'était Gontran Vergne, qui soutenait un étranger blond comme les blés, au visage et aux mains couverts de sang.

— Laisse-moi entrer, Antonin, et referme vite la porte.

La mère et Mélanie s'approchèrent, troublées par cette visite en pleine nuit, alors qu'un profond silence pesait sur le causse endormi sous une nappe blanche.

— C'est un Anglais, souffla Gontran, qui haletait, brisé par l'effort ; il a été parachuté trop loin... L'avion s'est trompé parce qu'ils n'ont pas pu allumer les feux : là-bas, ça grouille de patrouilles.

— Comment l'as-tu trouvé ? demanda Laforgue.

— J'avais été prévenu par le poste. Je suis sorti et j'ai entendu l'avion qui tournait au-dessus des Refresquières.

— Ses blessures sont graves ?

— Non, je ne crois pas : il est tombé dans les chênes, ce sont des égratignures.

L'Anglais, qui avait repris son souffle, paraissait ne pas souffrir.

— *Nothing*, dit-il.

La mère Laforgue apporta un verre d'eau-de-vie qu'il avala d'un trait, faisant claquer sa langue et souriant.

— *Meurci* ! dit-il en inclinant légèrement la tête.

— Donne donc une serviette et un peu d'eau, dit Laforgue à Mélanie, dont les yeux brillaient d'une sorte de peur qui l'étonna.

Elle aida l'étranger à laver ses blessures, puis elle servit aux trois hommes un autre verre d'eau-de-vie que l'anglais but de la même manière et avec le même plaisir.

— Partir, dit-il tout à coup en reposant son verre. F.F.I., cette « nouit », il faut.

Gontran Vergne parut se réveiller d'un songe, s'ébroua comme sous l'effet du froid et demanda à Laforgue.

— Tu connais les bois de Siorac ?

— Je les connais comme toi.

— Il faudrait que tu me suives, on n'a pas beaucoup de temps avant le jour et j'ai peur de me perdre dans les fonds de la Rocade.

Il se tut un instant, soupira longuement et dit encore, sans regarder les deux femmes.

— Il faudrait que tu restes là-bas. Les hommes manquent, tout va être dit dans les mois qui arrivent.

Il y eut tout à coup un silence dans la maisonnée, que troubla seulement la respiration subitement accélérée des deux femmes. Antonin retrouva dans les yeux de Mélanie cette lueur d'angoisse déjà perçue, détourna son regard et frissonna. Il fit signe aux femmes de le suivre dans la chambre, tandis que l'Anglais interrogeait Vergne à mi-voix. Une fois dans la pénombre de la pièce, Mélanie se laissa tomber sur le lit, demanda doucement :

— Tu penses à l'enfant qui va naître, Antonin ?

Certes, il y pensait, et plus que de raison. De la même manière qu'il avait songé à ses deux femmes depuis trois ans, sachant que d'autres se battaient pour défendre la terre de son Quercy, et mouraient pour elle. Il s'essuya le front couvert de sueur malgré le froid, murmura d'une voix qui portait toute la tristesse du monde :

— J'y pense, Mélanie, et je voudrais qu'il naisse libre, ce petit.

Elle hocha la tête, se mordant les lèvres pour ne pas pleurer, déjà convaincue de son impuissance à le retenir. La mère s'approcha d'eux, prit le bras de Mélanie, la fit lever puis, toutes deux face à lui, elle dit d'une voix qui ne tremblait pas :

— Tu peux partir, Antonin, mais reviens-nous.

Il les serra dans ses bras, rassembla quelques frusques et, suivi de Vergne et de l'Anglais, sortit sans se retourner.

Un peu plus tard, sur le chemin de pierre qui plonge vers les combes, il eut l'impression d'une main posée sur son bras comme pour le retenir. Alors, il pressa le pas.

4.

Les Allemands croyaient qu'il était impossible d'installer des camps dans les bois de chênes nains, trop touffus à leurs yeux. Ils craignaient cependant les embuscades, car ils pensaient que les maquisards recevaient des bazookas de Londres en grande quantité, ce qui était faux : à peine si chaque groupe possédait une seule arme de ce calibre. Mais comme leur infanterie ne pouvait pas couvrir les chars dans la forêt, ils s'y aventuraient rarement, et avec mille précautions. C'est qu'il était très difficile de se repérer dans une région sauvage où les poteaux indicateurs avaient pour la plupart été détruits.

La parfaite connaissance qu'avait Antonin du causse fut très précieuse au groupe F.F.I. auquel il appartenait, surtout la nuit, quand il fallait allumer des feux dans les clairières sur les terrains de réception. Il était capable de s'orienter dans n'importe quelle condition et n'importe où, car il avait aussi l'expérience de la guerre. Il était de toutes les expéditions, le responsable du groupe le consultait dès que le message annonçant le parachutage passait à la radio : « La Marie à fait de bons choux à la crème », « La Marie a manqué le train », « La Marie a mis deux poulets à la broche » : chacun de ces messages codés revêtait une signification particulière connue du seul responsable, qu'Antonin et tous les hommes de son groupe appelaient Edmond. C'était un homme d'une trentaine d'années, à la fine moustache, aux yeux clairs, à la parole et au sourire francs, mais capable de colères froides.

Outre le parachutage des armes, Antonin prenait part aux expéditions sur les voies ferrées Brive-Capdenac et Brive-Toulouse pour saboter les rails. De temps en temps, si les risques n'étaient pas trop lourds, le maquis attaquait les petits convois allemands chargés d'armes et de nourriture. Antonin apprit à se servir d'un bazooka malgré sa répugnance à manier les armes. Même s'il frissonnait au contact de l'acier sur son épaule, il lui suffisait de penser à son enfant à naître pour affermir sa prise.

Une nuit de printemps toute sucrée d'arômes, son groupe fut surpris par une petite colonne allemande en bordure de la voie ferrée, près d'Assier. Ils venaient à peine de poser les explosifs quand les voitures vertes surgirent du virage, sur la route qui longeait les rails. Nul n'avait entendu les véhicules arriver. C'était une nuit tiède et venteuse comme elles le sont souvent, en avril, quand la cime des arbres joue avec les nuages, bruissant d'un long murmure où les sèves éclosent. Surpris, trois maquisards tombèrent sous les balles des mitrailleuses, tandis qu'Antonin et ses compagnons faisaient front, un court moment, avant de se fondre dans la forêt des chênes nains. Trahis par qui ? C'est la question qu'ils se posaient en regagnant le P.C., aussitôt déplacé dix kilomètres vers le nord par mesure de sécurité. Ils n'eurent pas le temps de chercher la réponse...

En sa qualité d'éclaireur, Antonin accompagnait ses camarades chargés du ravitaillement dans les fermes « sûres ». Là, le maquis emportait un mouton ou des poules, et remettait en échange un bon aux paysans en reconnaissance de dette. Le réseau était organisé de manière que chacun ignore le véritable nom des officiers. La discipline n'était pas aussi stricte qu'à l'armée, cependant il existait des règles à ne point enfreindre sous peine de sanction. Antonin appréciait la solidarité des membres de son groupe, éprouvait une impression de force tranquille, persuadé que la plupart de ses compagnons se seraient fait tuer sur place plutôt que d'abandonner à l'ennemi la terre où ils étaient nés. Il songeait aussi à Mélanie, à la mère et à l'enfant qui allait naître. Il n'avait pas peur pour lui-même, mais souffrait à l'idée de les laisser seuls, si quelque balle l'avait frappé, comme ce jour de 1915 dans les forêts du Nord. A l'inverse d'alors, il savait sa cause bonne, et un peu de fierté lui venait chaque soir quand il contemplait le causse paisible qui retrouverait bientôt sa liberté.

Un matin de juin, près de Miers, il assista de loin à l'exécution de trois de ses compagnons en bordure de la forêt. Il faisait bon, pourtant, ce matin-là, dans l'aube claire du début de l'été. Un rappel de perdrix s'éleva dans une combe proche, tandis que les Allemands alignaient les trois maquisards le long d'un rideau de genévriers. Le soleil pointait à peine au-dessus de la cime des chênes ; il y avait dans l'air ce parfum propre aux matins d'été, mélange d'herbe et de rosée, de feuilles attendries et de terre tiédissante. Antonin était posté à deux cents mètres de là, sur une petite butte couverte de genévriers. Ils étaient cinq avec lui, aussi indécis que lui. La prudence commandait de ne rien tenter, le P.C. n'étant qu'à deux kilomètres de là. Ils tirèrent cependant, sans même se concerter, Antonin le premier, avec une sorte de rage douloureuse, vidant son chargeur. Il y eut des cris, des bruits de moteur et bientôt une rafale qui les fit sursauter alors qu'ils atteignaient une fourche de chemins semés de boutons-d'or.

Malgré les graves difficultés que connut le groupe pendant les mois suivants, traqué de jour en jour et de bois en bois, jamais Antonin n'éprouva l'ombre d'un regret : du moins n'avait-il pas vu ses compagnons tomber ce matin-là, et le remords de n'être pas intervenu ne vint jamais le réveiller la nuit.

Les mois d'été de 1944 furent terribles : rendus inquiets par la libération de plusieurs grandes villes, les Allemands entreprirent des manœuvres de regroupement. La division « Das Reich » se mit à remonter vers le nord en traversant le Quercy de part en part. Les pendaisons de Tulle et la tuerie d'Oradour-sur-Glane succédèrent aux représailles au bord des routes quercinoises, aux tortures journalières dans les prisons de Cahors et de Toulouse.

A la mi-juillet, le passage d'un haut responsable chargé d'arbitrer un conflit entre un maquis F.T.P. et un maquis F.F.I. fut annoncé tardivement au groupe dirigé par Edmond. La voiture devait passer, au retour, par Gramat, où une division allemande venait d'arriver au terme d'une manœuvre dont personne ne l'aurait crue capable. Edmond et Antonin, qui connaissaient les sentes transversales du causse, foncèrent à travers bois pour arrêter la voiture avant Gramat. Après une interminable course sur une vieille moto d'où Antonin manqua plusieurs fois de tomber, ils arrivèrent à la lisière du bois qui bordait la route de Figeac, un peu avant Gramat. Il était déjà trop tard : là-bas, à quelques centaines de mètres, la voiture fumait, à moitié renversée dans le fossé. Un homme avait sauté par-dessus le mur de lauzes et courait vers le bois où s'abritaient Antonin et son chef, derrière le mur effondré d'une bergerie. Le feu de la mitrailleuse allemande crépita. L'homme, après avoir trébuché, tomba, touché aux jambes. Il ne sut jamais que deux compagnons attendaient près de là, et que s'ils étaient arrivés dix minutes plus tôt, les Allemands ne l'auraient pas amené sur une civière vers Gramat.

L'arrivée subite de cette division ennemie provoqua le transfert de tous les P.C. à plus de cinq kilomètres de là. Edmond s'inquiétait pour les habitants de Gramat, qui, pour la plupart, aidaient la Résistance. Antonin était allé plusieurs fois à l'hôtel de France, qui servait de boîte aux lettres pour les maquis. Le courage, en cette période cruelle, ne manqua jamais aux Quercinois, mais combien payèrent de leur vie une conduite héroïque qu'ils croyaient naturelle !

Vers le 20 juillet, Antonin reçut de sa mère une lettre où elle lui demandait de rentrer tout de suite au village. Il interrogea le porteur du billet, un nommé Bedel, qui l'avait lui-même reçu d'un autre, à Martel, mais il n'apprit rien de plus. Il partit donc un soir, un léger voile d'angoisse posé sur sa poitrine, tandis que les feux des lointains s'allumaient au-dessus des bois. Il arriva vers onze heures, avec le vent de la nuit. La mère parlait sur le seuil avec plusieurs personnes, parmi lesquelles il reconnut la femme de Vergne dans la faible lueur qui filtrait de l'intérieur. L'angoisse le serra au cœur. Il s'approcha, surpris que Mélanie ne l'attendît pas près de la mère, et pressé de l'embrasser. Il serra sa mère dans ses bras, salua les voisins, entra, aperçut la bougie posée sur la table de chevet dans la chambre, et il eut l'impression qu'un nuage crevait au-dessus de sa tête, l'inondant d'une pluie glacée.

Elle était bien là, Mélanie, mais morte, avec son enfant mort dans son ventre, et pourtant paisible, de cette paix qui éclairait son visage de femme courageuse, le soir au coin du feu. Antonin tourna sur lui-même comme un oiseau foudroyé en plein vol, vint cogner contre le mur, toujours debout, mais muet, sans le moindre cri pour le soulager, ni la moindre plainte.

La mère et les voisines l'agrippèrent par la chemise et parvinrent à l'asseoir après avoir trébuché sous son poids.

— *Moun Tounin*, disait la mère, *moun paouro Tounin !*

Il n'entendait pas. Il sentait sur son épaule la main qui avait tenté de le retenir, six mois auparavant, tandis qu'une immense fatigue coulait dans ses veines, remontait jusqu'à son cœur dont les coups résonnaient dans sa tête à la manière des coups de canon là-bas, dans les forêts du Nord.

Chacun s'affairait autour de lui, qui ne regardait même pas. Il se demandait de quoi il était coupable pour mériter un tel châtiment, songeait à cet amour engrangé pour son enfant, à ses petites mains chaudes tant de fois imaginées par les siennes, à la douceur de sa peau, de ses joues, à son sourire si souvent entrevu, de petit « drôle » émerveillé par les genièvres bleus. Pour ce petit, il aurait cherché les meilleures morilles, les raisins les plus sucrés, les pommes les plus belles. Il l'aurait gardé contre lui, les nuits d'hiver, pour le tenir bien au chaud ; l'été, il lui aurait trouvé l'eau la plus fraîche, celle qu'il faut haler du fond du puits ; il lui aurait confectionné un lit de plumes blanches, des oreillers moelleux, des édredons épais. Ç'aurait été son tout-petit, à lui seul.

Au lieu de ça, il n'aurait rien : le tétanos avait emporté Mélanie et l'enfant en quelques jours, sans que le docteur, prévenu un peu tard par la mère, ait pu enrayer le mal. Il restait seul à nouveau, assommé par sa peine, sous le coup d'une brûlure à hurler comme un fou.

Il veilla avec Marie Vergne et la mère pendant la nuit. Elles lui racontèrent comment Mélanie s'était coupée avec une faux rouillée, son agonie et ses derniers instants, arquée sur son lit de douleur d'où elle appelait Antonin d'un mince filet de voix. La certitude de cette souffrance, surtout, le torturait : il avait beau se dire que, présent, il aurait été impuissant à soulager sa femme, il gardait l'impression d'une sorte de trahison et souffrait d'autant plus. Malgré sa grande fatigue, il ne put trouver le repos : des images défilaient sans cesse dans sa tête, Mélanie et l'enfant en bordure d'une forêt sous le feu des Allemands, sa première rencontre avec sa femme pendant un si beau mois d'avril, leur mariage, la voiture couchée dans le fossé à Gramat, les obus au-dessus des tranchées qui abritaient ceux qui lui étaient chers. Un tourbillon l'entraîna au fond d'un puits où il sentit une grande ombre se poser sur lui : le sommeil venait de le toucher.

Mélanie et son enfant furent enterrés dans le petit cimetière blotti sous deux cyprès, en plein causse, alors que les cigales faisaient escorte au corbillard, et le vent chaud de juillet, et tous ceux des Bories.

Après l'enterrement, n'ayant plus goût à rien, dévoré par le chagrin, Laforgue ne rejoignit pas ses compagnons du maquis. Il passa ses journées dans les combes les plus reculées, incapable de se remettre à l'ouvrage. Pendant ces journées interminables, la douleur se transformait en remords d'avoir quitté la maisonnette de son bonheur pour partir à la guerre. Et la guerre, deux fois, l'avait brûlé jusqu'aux os.

Il passa plus de six mois dans la seule compagnie de son chien, de ses chèvres et de ses brebis, qui s'approchaient de lui, souvent, pour lui lécher les mains. Ce furent eux qui soignèrent, peu à peu, sa blessure. Il s'était toujours senti bien avec les bêtes, qu'il savait capables d'amour. A leur contact, il décida de suivre jusqu'au bout le sentier qui le mènerait à son dernier souffle. Là, peut-être, était le début de l'espérance : même les jolies fleurs du causse mouraient chaque hiver ; d'autres, plus jolies, les remplaçaient toujours. Il finit pas se persuader que tout cela ne pouvait servir à rien.

Il rentrait chaque soir son petit troupeau à l'heure où le soleil se posait doucement sur les épaules de la colline. Mélanie et son enfant lui faisaient un brin de conduite sur les chemins où erraient déjà les ombres de la nuit. Il leur racontait ce qu'ils auraient fait de merveilleux ensemble et quelle aurait été leur vie. Il leur expliquait comment ils auraient arrangé la maison, agrandi le troupeau, défriché de nouvelles pièces de terre et soigné la mère jusqu'à son dernier souffle. Il s'arrêtait, tendait ses mains vers des ombres mouvantes, écoutait dans le vent ces voix qui lui répondaient avec des mots qu'il espérait depuis longtemps. Alors un peu de paix descendait sur son cœur.

5.

La guerre terminée, le village avait perdu quelques-uns de ses fils, soit dans l'armée régulière, soit au maquis. Gontran et Marie Vergne moururent à la fin de l'année 1945, à un mois d'intervalle, comme s'ils n'avaient pas pu se passer trente jours l'un de l'autre. Leur dernier fils, Baptiste, né en 1915, reprit la charge de maire et proposa à Antonin un des prisonniers allemands affectés à la commune. Ce dernier refusa. Pour lui, si l'on acceptait l'aide des amis, à qui d'ailleurs on rendait service à son tour, on ne recevait rien d'un étranger. Chacun devait être capable de travailler la terre avec ses seuls bras, et l'aide acceptée devait rester. Personne au village n'embaucha de prisonniers, malgré les exhortations de la Direction départementale du travail et de la main-d'œuvre.

L'année suivante, Baptiste Vergne acheta un tracteur, le premier du village. Il avait travaillé dans une grande propriété, Baptiste, après le service militaire, et en avait conçu des idées sur la façon de mener une exploitation, si pauvre fût-elle. L'arrivée de ce tracteur sur la placette fut un événement. A l'invitation de

Baptiste, tous étaient réunis quand le véhicule apparut : un Harris à essence, porteur d'une petite charrue et d'une barre de coupe, qui donna tout de suite à Antonin l'envie de caresser le capot, les pneumatiques, et de s'asseoir sur le siège noir, brillant comme du givre.

Baptiste expliqua qu'avec un instrument pareil il creuserait des sillons plus profonds et que, au lieu de mettre quatre ou cinq jours pour labourer ses terres, une journée lui suffirait sans beaucoup de fatigue. Il prétendit se mettre sérieusement au tabac, de rapport plus sûr que le blé, car il pouvait très bien acheter son pain à la foire.

— Un 30 CV ! J'en ai pour neuf cent cinquante mille francs, mais regardez un peu !

Chacun admirait l'engin avec un pincement d'envie. Baptiste ne résista pas au plaisir d'entraîner ses voisins dans un champ proche de l'église. Là, sans l'ombre d'une hésitation, il abaissa la charrue, s'assura de la distance entre le coutre et le soc, de la bonne inclinaison du versoir, passa en première et ouvrit les gaz. Il fila droit vers un petit chêne à l'autre bout du champ, se retournant de temps en temps pour vérifier la rectitude du sillon. Antonin marchait derrière, étonné de la blessure régulière et profonde de la terre qui s'ouvrait comme par magie. En rêva-t-il, de ce tracteur et des larges sillons bruns parsemés de pierraille ! Quelle différence avec son pénible labour, quand le soc butait contre les pierres éparses et que les bœufs s'immobilisaient, jarrets tendus, naseaux fumants ! Il ne vit pas dans cet engin le signe avant-coureur d'une évolution qui allait ruiner les petits exploitants, mais seulement un instrument merveilleux conçu pour le plaisir de travailler.

De telles joies aidaient à surmonter les difficultés de chaque jour, orage ou gelées tardives, pluie incessante rendant pénibles les récoltes, ou sécheresse prolongée à la fin de l'automne.

Plus grave fut l'épidémie de fièvre aphteuse pendant l'été de 1951. Dès que la nouvelle parvint aux Bories, Laforgue arrosa la bergerie et l'étable de Crésil ; les vieux ressortirent des placards les *tsouonnencos*, ces branches de noyer cueillies à la Saint-Jean pour protéger les animaux des maléfices. Hélas ! ramenée sans doute d'une foire, la maladie s'était propagée par les points d'eau où les vaches, les bœufs, les brebis et les chèvres buvaient ensemble. S'il y avait peu de vaches aux Bories, les paysans possédaient quelques bœufs de labour, et surtout des brebis. Les gens perdirent plusieurs bêtes et autant d'argent frais au moment où ils auraient dû acheter du matériel pour moderniser les exploitations. Déjà, dans la vallée, nombreux étaient ceux qui avaient eu recours au Crédit agricole.

L'hiver de 1956 fut une véritable catastrophe. Au matin du 1er février, le thermomètre indiquait moins treize, alors que la veille encore il pleuvait. Il fallut aussitôt calfeutrer les portes avec des bottes de paille et demeurer au cantou en attisant le feu. Le vent du nord se leva bientôt. Le froid maintint sa prise. La neige se mit à tomber vers le 10, sans radoucir la température. Le mercredi 22, jour des Cendres, le thermomètre chuta jusqu'à moins vingt-cinq. Avec la mère, Antonin cherchait dans la mémoire les dates d'un hiver aussi froid, mais ils n'en avaient pas gardé le souvenir. La mère s'indignait contre les avions qui dérangeaient les nuages et irritaient le Bon Dieu. Antonin, lui, savait que le temps aurait toujours ces sautes d'humeur, que les avions et les bombes n'existaient pas au siècle d'avant, ce qui n'avait pas empêché les hivers d'être très froids, les étés de griller les récoltes.

Personne n'eut besoin d'attendre le dégel pour mesurer l'ampleur de la catastrophe. Antonin crut tomber en découvrant les troncs éclatés des noyers, leurs blessures béantes par où s'insinueraient, pour ceux qui conservaient encore un peu de vie, toutes les maladies imaginables : l'arbre mourrait en deux ou trois ans, sans qu'on puisse rien pour le sauver.

Avant l'hiver, les Laforgue possédaient dix noyers. Il leur en resta deux, plus résistants grâce à la bergerie qui les protégeait du vent du nord. Pour les huit autres, sans parler de la récolte, même le merveilleux bois d'ouvrage était perdu. Ils n'en tireraient pas un sou.

La mère accusa ce coup du sort en tombant dans une sorte de prostration d'où rien ne pouvait la tirer.

— J'en replanterai autant, disait Antonin.

Elle n'entendait pas, vaquait à ses occupations puis s'asseyait au cantou, le regard perdu dans les braises.

Laforgue replanta des noyers dès le printemps mais sans conviction, certain de ne jamais en recevoir les fruits. Il songea un moment à les fortifier d'engrais, comme l'usage s'en répandait à l'époque dans la vallée, où les terres à blé étaient transformées en prairies artificielles pour l'élevage, mais finit par y renoncer : un noyer était un noyer, que diable ! C'est-à-dire le plus noble des arbres, et sa noblesse lui venait du temps mis pour pousser, développer ses branches et ses feuilles, produire ses premiers fruits.

Beaucoup de paysans, alors, menaient un combat désespéré contre l'archaïsme des méthodes de culture et la pauvreté des petites propriétés. Ceux qui avaient conscience du nécessaire changement s'endettèrent, les autres furent obligés de vendre aux plus riches des parcelles sans aucune rentabilité. Ce fut le début de ce que l'on appela l'exode rural qui acheva de vider Les Bories en quelques années. Avec l'essor industriel, de petites entreprises s'installèrent dans les villes : Gramat, Cahors, Figeac, Souillac, et aussi dans les bourgs. Les métayers partirent d'abord des campagnes, puis les petits propriétaires, enfin les commerçants et artisans, privés de clientèle.

A cette époque, pour gagner quelques sous, Antonin se loua dans la vallée pour les moissons et les vendanges, mais ses bras devinrent inutiles avec l'évolution du matériel agricole et le crédit facile. Il conçut de ces années-là l'impression d'avoir manqué un convoi non par sa faute, mais par celle des calamités naturelles qui avaient fondu sur ses terres. Il aurait pu s'engager dans une entreprise de la plaine, rentrer le soir chez lui pour cultiver quelques légumes et sortir les chèvres, mais il ne le voulut point, d'accord avec la mère. Il préféra travailler de son mieux quelques pièces de terre, élever ses brebis et vivre petitement. Du moins était-il chez lui et ne dépendait-il de personne.

Les lois d'orientation agricole de 1960 et 1962 le persuadèrent d'être un des derniers représentants d'une race en voie de disparition. La très petite propriété n'intéressait plus personne, l'avenir appartenait à ceux qui achetaient des terres et du matériel susceptibles d'assurer un bon rendement à l'hectare. Laforgue n'avait ni la place pour abriter d'autres bêtes, ni le fourrage d'hiver nécessaire à leur alimentation. Certes, il aurait pu louer des prés dans la vallée — rares et chers —, assurer la fenaison, mais il fallait pour cela abandonner Les Bories une bonne partie de l'année. Il n'y songea jamais sérieusement.

Bientôt l'école communale ferma, le maître fut envoyé dans un bourg de la plaine. A cette occasion, Laforgue eut une colère qui dura plusieurs jours, le laissant brisé et conscient d'un monde en marche auquel il restait étranger. Après l'école, ce fut l'église. Le vieux curé Raynal disparu, un autre l'avait remplacé pendant quelques années, mais il n'était pas de la même race. Il fut rappelé par l'évêché en 1965 et placé dans un bourg. Ceux qui voulurent se confesser ou entendre la messe durent quitter Les Bories, tandis que leur petite église restait silencieuse et déserte. Durant ces tristes dimanches, Laforgue accompagnait sa mère en promenade, malgré les difficultés de la pauvre femme à marcher. Ils allaient de champ en friche, de grange en bergerie, évoquant des souvenirs du temps du père, heureux cependant d'être vivants pour goûter la chaleur du soleil sur leur peau, le petit vent tiède qui soulevait les cheveux de la mère pour une caresse. Ils ne rencontraient personne, excepté la vieille Marguerite Maréchal qui cherchait ses herbes. Ils rentraient pour s'asseoir au cantou, parlaient des dimanches d'avant la guerre avec des chevrotements dans la voix. Ce tourbillon autour d'eux finissait par leur donner le vertige : qu'étaient devenues la sagesse et la mesure des anciens ? Ils éprouvaient le sentiment profond de la mort d'une époque qu'ils avaient aimée sans le savoir, et qui ne reviendrait plus jamais.

TROISIÈME PARTIE

1.

Passé l'année 1970, ils restèrent sept aux Bories : Baptiste Vergne et sa femme, Joséphine, parents d'un fils, Louis, qui travaillait la propriété de la vallée en attendant d'hériter des terres hautes ; Adrien Sourzac et sa femme, Rosalie, qui habitaient à une trentaine de mètres des Vergne dans une grande maison, ancienne auberge au siècle précédent. De leur mariage étaient nés Maurice, employé à la S.N.C.F., et une fille, Marthe, mariée à un commis de préfecture dans la banlieue parisienne.

Entre ces deux maisons se trouvait la demeure de Marguerite Maréchal, une femme qui « avait le sort », disait-on, car elle enlevait le feu des brûlures. Cette Marguerite était aussi fière de ses soixante-quinze ans que de son fils Pascal, instituteur du côté de Perpignan, autrement dit le bout du monde.

Avec la mère Laforgue et Antonin, ça faisait sept, mais plus pour longtemps.

Ce matin-là, Antonin avait mis la fraîcheur à profit pour brûler les herbes sauvages entre les ceps de vigne. A son retour, il n'avait pas trouvé la vieille femme et l'avait cherchée au grenier, dans l'étable et dans la bergerie, en vain. En l'attendant, il avait coupé un chanteau de pain dans un bol de vin sucré et il s'était mis à manger sur le banc, à sa place habituelle. Il entendit appeler du portail à l'instant où il finissait le fond de son bol. C'était Baptiste Vergne qui gesticulait, balbutiant entre deux accès de toux :

— Antonin, votre mère !

Il était resté paralysé, incapable de la moindre décision devant l'autre, impatient.

— Venez vite ! Elle a eu une attaque, j'ai prévenu le docteur.

Antonin s'était élancé d'un coup, trébuchait sur les pierres avec de douloureuses idées en tête : elle était morte, ou alors paralysée, le docteur, l'hôpital peut-être, il lui faudrait trouver des sous, vendre des terres... Il la vit tout de suite en arrivant, couchée sur le plancher.

— Qu'est-ce qu'elle a ? Mais qu'est-ce qu'elle a, dites, Joséphine ?

— La pauvre, je crois bien qu'elle est passée.

Était-ce possible ? Elle s'était levée avec le jour, comme de coutume, pour donner aux poules ; la veille, elle avait fait la lessive dans un grand baquet en bois, penchée sur sa planche à laver où elle frappait du battoir avec la régularité d'une horloge.

— Elle est tombée comme ça, tout d'un coup sur le chemin. Sans doute une congestion, dit Baptiste.

— Elle en avait déjà fait une, je crois, il y a longtemps, ajouta Joséphine. C'est quand même une belle mort : s'endormir brusquement sans souffrir.

Antonin, lui, ne parlait pas. Il songeait à ces longues années de présence de la mère à ses côtés, à ces heures vécues dans la lumière du calel, à cette solitude à affronter sans y être préparé, à ce vide ouvert sous ses pieds tout à coup. Il eut comme un sanglot sans larme, se tassa sur une chaise et rentra en lui-même, insensible au monde extérieur.

Le docteur, venu en début d'après-midi, avait diagnostiqué une congestion cérébrale foudroyante et signé le permis d'inhumer. Vergne et Sourzac avaient transporté la morte dans sa maison et Joséphine l'avait habillée pour son dernier voyage. Avant de regagner son foyer, elle avait allumé une bougie posée sur la table de nuit. Laforgue et Sourzac veillaient la morte, levant par instants le nez vers la fenêtre ouverte par où arrivait, apporté par le vent d'est, le parfum des herbes fleuries. Ils restèrent un long moment silencieux, puis Baptiste demanda à Antonin ce qu'il ferait désormais, tout seul dans sa maison. A vrai dire, malgré le grand âge de sa mère, Antonin n'avait jamais songé à sa disparition, et il n'avait guère l'esprit, ce soir-là, à résoudre les problèmes posés par sa prochaine solitude.

— A votre place, dit Baptiste, moi je vendrais et je me paierais une place à la maison de retraite de Martel.

Vendre ! Partir ! Quitter la terre comme tous ceux auxquels la ville avait tourné la tête : qu'est-ce que c'était que cette histoire ? Antonin sentait monter une colère froide : qui pouvait le croire assez fou pour abandonner sa propriété maintenant, alors qu'il s'était battu sa vie entière pour la garder ?

— Les Sourzac ont tiré dix millions de leur tas de cailloux, poursuivit Baptiste. L'acheteur est un pharmacien plein de sous. Paraît qu'il veut construire ici à cause du silence. Le retour à la terre, quoi !

— Et qu'est-ce que je viens faire moi, là-dedans ?

— Mais rien, Laforgue. C'est manière de dire que si vous voulez vendre, il n'y aura aucune difficulté.

Il en était resté sans voix : qu'est-ce qui pouvait justifier l'abandon d'une terre où il connaissait la moindre muraille et le moindre genièvre ? Que venaient-ils chercher, les gens de la ville, aux Bories, et de quel droit prenaient-ils la terre à ceux qui en vivaient ? Dans son esprit embrumé, il revivait ses retours au village à la nuit tombante, là-bas, au bout du plateau luisant de lune ; il songeait à ses coupes de chênes nains en automne, quand le soleil surgit des brouillards de la vallée et délivre en un instant sa première chaleur ; au printemps, au contraire, c'était des souffles d'air frais pleins d'effluves, l'éveil des perdrix humides de rosée, les danses des lapins enfiévrés de leur nuit, et une grande paix coulait dans le silence. Même l'hiver, parfois, avait ses grâces : les terres s'assoupissaient sous l'étoupe du froid, la neige ensevelissait le plateau, arrêtait le temps, donnait au feu du cantou un charme indéfinissable... Il aurait dû quitter tout cela, à son âge ?

— Peut-être pourriez-vous bâtir un gîte rural, poursuivit Baptiste, ignorant des pensées d'Antonin. Si vous vendez un peu de votre bien, il vous sera possible de restaurer votre bergerie et de la louer au moins trois mois dans l'année à des prix inimaginables.

Comme Antonin n'intervenait pas, Vergne continua, de la même voix assurée :

— L'affaire a été lancée par la chambre d'agriculture et le syndicat d'initiative : tous les travaux sont subventionnés par le gouvernement. Moi, j'ai acheté la bergerie des Sourzac, les réparations vont bientôt commencer.

— Tu viens de me dire qu'ils avaient vendu à un pharmacien ! s'exclama Laforgue, brusquement réveillé.

— Les terres, oui, mais pas la maison, ni la bergerie qui se trouve en haut... Je louerai dès l'année prochaine.

La colère de Laforgue, trop longtemps contenue, éclata :

— Dis donc, grand couillon, crois-tu que je vais vendre des terres que j'ai cultivées toute ma vie ? Ne vaut-il pas mieux les laisser à ceux qui les travaillent plutôt que de les abandonner à des ronds-de-cuir incapables de tenir un outil dans leurs mains ?

Surpris de cette révolte subite, Vergne tenta d'argumenter :

— Mais c'est de rester seul qu'on crèvera.

— On crèvera si on a plus de terres, miladiou !

Cette idée répugnait Antonin, car il se voyait déjà dépouillé de ses maigres parcelles sans aucune contrepartie : jamais le village ne revivrait comme avant. Au contraire : ceux de la ville n'y habiteraient même pas trois mois par an.

S'il n'était pas sorti sur le pas de la porte, peut-être, cette nuit-là, les deux hommes en seraient-ils venus aux mains... La fraîcheur de la nuit apaisa Antonin. Alors il revint dans la chambre et reprit la veille en silence et sans prier, ne se souvenant plus, tout à coup, des prières naïves de son enfance trop souvent délaissées.

L'enterrement avait été prévu pour le surlendemain. Le temps du corbillard tiré par un cheval était révolu. Quand l'homme des pompes funèbres arriva, dans sa fourgonnette noire, tous l'attendaient dans la chambre où Sourzac venait d'enfoncer les derniers clous du cercueil. Ils partirent alors vers le petit cimetière où était enterrée la pauvre Mélanie. A l'aide de deux cordes passées sous elle, on fit descendre la bière dans le trou peu profond à cause de la rocaille, puis les hommes reculèrent de quelques pas pour se recueillir une dernière fois devant la morte. A ce moment-là, un coq chanta là-bas, sur les terres hautes. Ce chant paisible, témoignage d'une vie qui continuait au village, bouleversa Antonin. Pour la première fois depuis bien longtemps, une larme, une seule, roula sur ses joues et il chancela. Il songea aux braises que la pauvre femme entretenait dans le cantou pour réchauffer les sabots en hiver, aux délicieuses crêpes de Mardi gras, au pain perdu aux œufs cuit sur des branches de genièvre, à la paille fraîche dans ses sabots chaque semaine : tout cela, c'était sa mère. Il se souvint des seilles d'eau portées à deux, de leurs mains qui se touchaient sur l'anse, il sentit son souffle contre sa joue, sa respiration qu'il aurait reconnue entre mille pour l'avoir si souvent écoutée dans leurs veillées solitaires. Il se rappela la flétrissure de la pauvre femme au départ d'Antoinette, pareille à celle d'une fleur privée d'eau, son silence à mesure que l'âge la décharnait, silhouette noire au visage couvert de rides mais qui restait si beau, pour lui, à la lueur de l'âtre...

Les hommes durent le tirer par le bras pour l'emmener. Il ne résista pas. Au contraire, comme il était d'usage, il invita tous les présents à venir boire un verre chez lui. Une fois arrivés, ils parlèrent de la morte, firent des louanges sur sa vie courageuse. Il commençait à se faire tard quand Adrien Sourzac, reposant son verre, dit d'une voix tremblante :

— Eh oui ! Vous allez rester quatre maintenant, dès qu'on sera partis, Rosalie et moi.

Antonin comprit tout de suite, et un grand froid se posa sur ses épaules. Cependant, refusant l'évidence, il fit mine d'avoir mal entendu :

— Veux-tu dire que Rosalie et toi, vous allez quitter les Bories ?

— Mon pauvre Antonin, fit Adrien, pourquoi crois-tu qu'on a vendu les terres ? C'est pas une vie, ici. Si on était malade, qui nous soignerait ?

— On vit bien, nous, rétorqua Laforgue, indigné.

— Le fils nous a dit : « Je vous prends et je vous garde jusqu'au bout », alors que voulez-vous ? En ce moment, il fait construire et il lui faut des sous. Nous, on sera au chaud près des enfants, on aura la soupe, les médicaments ; que demander de plus à notre âge, pas vrai, Rosalie ?

Rosalie approuva de la tête, mais tous virent bien que le cœur n'y était pas.

— Et la maison, demanda Vergne, tu la vends aussi ?

— Comment faire autrement ? Il faut qu'on soit partis avant l'hiver, le petit attend les sous.

Un lourd silence succéda à ces paroles fatales. Antonin n'avait même plus la force de parler. Après les épreuves des jours passés, apprendre ce départ lui laissait comme un grande vide dans la tête, et il les regardait l'un après l'autre : Sourzac, si grand, si maigre qu'on apercevait ses os sous la peau, ses yeux d'un bleu presque blanc, ses bras trop longs atteignant les genoux ; sa femme, Rosalie, rondelette mais encore belle de visage, comme si la vieillesse avait coulé sur ses joues sans s'y poser ; Vergne, qui lissait sa barbe, un peu honteux peut-être d'avoir profité du désarroi des Sourzac en achetant leur bergerie ; sa femme, Joséphine, bonne et brave, malheureuse autant que Rosalie ; la vieille Marguerite enfin, courbée sur elle-même, fantôme noir d'un temps révolu avec ses bas de laine, ses souliers à clous, son béret poussiéreux. Qui étaient-ils pour accepter des sous contre un hectare de terre, même rocailleux ? Et lui, qui était-il pour refuser une retraite à l'abri du besoin quand il se retrouverait seul et bientôt sans force ? Devrait-il un jour crever comme un sanglier dans sa bauge ?

Il fit un effort sur lui-même, se leva, vint se camper devant Sourzac. Les traits de son visage, accentués par la fatigue, dessinaient un masque de colère.

— Adrien, fit-il, si la morte t'entendait, elle te le dirait mieux que moi qu'il ne faut pas partir ; si nous partons, tout sera souillé ici.

Baptiste Vergne, s'interposant, feignit d'en rire :

— Qu'est-ce que vous voulez qu'ils souillent, nom de Dieu ? Il n'y a que des cailloux et des genièvres. Et puis, vous êtes trop vieux, vous ne pouvez pas comprendre.

— Je suis peut-être trop vieux, mais je suis encore le maître chez moi, et ceux qui voudraient me foutre dehors n'ont qu'à y venir !

Les femmes intervinrent en rappelant aux hommes l'enterrement de l'après-midi, et ils s'apaisèrent aussitôt. Marguerite Maréchal partit la première, bientôt suivie par Vergne et sa femme, par Rosalie et Adrien Sourzac, enfin, qui s'excusèrent auprès d'Antonin d'avoir causé cette dispute. Celui-ci les regarda s'éloigner, debout sur le seuil, encore tremblant de colère. Quand ils eurent disparu au détour du chemin, il soupira longuement, puis il se tourna vers sa solitude.

Il passa une bien mauvaise nuit, s'éveilla aux premières lueurs du jour. Des cauchemars l'avaient tourmenté sans cesse, d'où il avait émergé, à chaque heure sonnée par la pendule, hagard et mouillé de sueur. Le cœur douloureux, il se vêtit dans la pénombre, guettant les bruits dans la chambre d'à côté, passa dans la cuisine, se débarbouilla avec l'eau du seau, s'essuya d'un revers de manche. Il vérifia ensuite que le feu était bien allumé sous la marmite et aperçut les cendres froides. Alors l'absence définitive de sa mère lui apparut dans toute sa réalité, et cette absence, si douloureusement ressentie tout à coup, lui arracha un gémissement. Il vacilla, s'appuya au mur, reprit son équilibre puis s'agenouilla pour allumer le feu, sa lèvre inférieure agitée par un tremblement incontrôlable.

— Bon Dieu, qu'est-ce que tu vas devenir tout seul ? souffla-t-il.

La chaleur gagna bientôt son corps lourd de mauvais sommeil. Réconforté, il se releva, s'installa pour manger sa soupe, mais tout de suite les événements de la journée passée lui revinrent en mémoire : se pouvait-il qu'à son âge il fût dans l'obligation de renoncer à ses habitudes ? Qu'était-ce donc, cette cassure soudaine dans son existence ? Ce matin, il avait envie de s'apitoyer, d'écouter sa peine, et il songeait au contraire à la chambre d'agriculture, aux syndicats d'initiative, à la maison de retraite. Il se rappelait le journal de la veille où il était question de remembrement, de prêts bonifiés, de jeunes agriculteurs, de culture intensive, de résidences secondaires, de zone de montagne, d'unités d'abattage, de toutes sortes de procédés, enfin, pour améliorer le rendement à l'hectare. Il s'était senti jusqu'alors protégé de ces mutations en raison de l'isolement du village, mais aujourd'hui la menace se précisait. Déjà, la semaine passée, Vergne avait fait venir un entrepreneur pour l'ensilage. Les foins fermentaient sous des bâches de plastique, et il n'y avait pas eu de fête. Grâce aux machines modernes, les bras devenaient inutiles, les gens n'avaient plus de goût pour la belle ouvrage...

Comme il avait fini de manger, il décida de partir vers les combes avec les chèvres pour fuir la maison, où chaque objet se trouvait encore à la place donnée par la mère. Ils avaient vendu les brebis deux années auparavant, parce qu'il n'arrivait plus à rentrer les foins seul et qu'il leur fallait un peu d'argent frais pour réparer la toiture de la maison. Restaient donc trois chèvres qui, habituées au chemin, prirent la direction du plateau. Des orties jonchaient les venelles encombrées de gravats, des touffes de chardons géants poussaient entre les pierres. Antonin avait beau les appeler, ses bêtes s'attardaient près de ces plantes sauvages dont elles étaient friandes. Il ne les attendait pas : elles le rejoignaient bientôt pour une caresse sur le museau. Deux d'entre elles avaient une robe noire parsemée de taches blanches. Il leur donnait un nom incompréhensible qu'il prononçait avec d'étranges modulations dans la voix. La troisième, toute blanche, était la plus câline. Antonin, qui la choyait, l'appelait Mélanie, lui parlait avec tendresse, comme à une confidente.

Déjà, sur le plateau, le soleil avait embrasé la rocaille où le chant des cigales crissait au ras du sol. Une luminosité extraordinaire croulait du ciel sans nuage et l'horizon, blanc de lumière, délimitait un monde clos. Ici, Antonin était chez lui, en sécurité, certain qu'aucun pharmacien des villes n'oserait s'installer sur cette pierraille surchauffée où les chemins ne menaient nulle part.

Vers dix heures, il reconnut sur sa gauche la silhouette de la vieille Marguerite occupée à ramasser ses herbes. Il manœuvra pour rabattre ses chèvres vers une combe où il savait qu'il trouverait la vieille. Assise à l'ombre d'un mur, elle l'invita à faire de même en disant :

— Laisse tes bêtes ici, va : il y a des fleurs de marjolaine et elles aiment ça, les bougresses.

Il s'assit près de Marguerite, qu'il rencontrait souvent sur le plateau. Comme elle avait six ans de moins que sa mère, il retrouvait chez elle les mêmes manies et les mêmes pensées.

— Tu ne partiras pas, au moins, toi ? demanda-t-elle.

Il sourit pour la rassurer.

— Vous savez bien que non, Marguerite !

— Tant mieux, parce que j'aimerais pas rester seule.

Elle parla de l'ancien temps, celui de sa jeunesse. Antonin écouta pendant de longues minutes, fermant les yeux, imaginant sa mère près de lui. Quand elle s'arrêta, il y eut un moment de silence troublé seulement par l'envol d'une perdrix dérangée par les chèvres. Marguerite leva les yeux vers une buse qui tournait au-dessus d'eux, puis elle dit, une grande lassitude dans la voix :

— Il ne faut pas se faire d'illusion : s'ils se mettent dans la tête d'acheter de vieilles baraques ou de venir chez nous, ce sera difficile de les en empêcher. Et, d'ailleurs comment faire, puisque la place reste libre ?

Antonin ne répondit pas. Il songeait au grand silence des combes solitaires, aux veillées à la lumière du calel, aux nuits lumineuses passées à l'espère du lièvre, au parfum du pain sortant du four, à toute une existence disparue pour son plus grand regret.

La chaleur devenait insupportable, même à l'ombre. Un vent brûlant apportait des senteurs grillées au soleil. Il fallait rentrer. Marguerite se leva, épousseta de la main sa robe noire, ramassa son sac d'herbes, et dit :

— Passe par la Rocade, tu trouveras un peu d'ombre. Et puis ne t'inquiète pas trop, ils ne nous ont pas encore enterrés.

2.

Le maçon s'appelait Benjamin Chabassié. Il montait au village depuis deux mois en compagnie de son aide, un Espagnol libertaire appelé Manuel. Il laissait sa camionnette dans une venelle située entre la placette et la maison d'Antonin, car celle-ci empiétait sur le chemin et rendait le passage difficile aux véhicules. Laforgue, de sa maison, entendait tout le jour le bruit des ouvriers au travail et s'en irritait.

Au début, il avait feint d'ignorer Chabassié et son aide, mais il avait bientôt répondu au « Bonjour » du maçon qui, brave homme, multipliait les salutations. Un matin, ce dernier frappa aux carreaux du solitaire et lui demanda s'il désirait des provisions de Martel : comme il venait chaque jour, il se ferait un plaisir de les porter. D'abord réticent, Antonin finit par accepter, l'autre lui ayant avoué son peu de considération pour ceux qui jouaient aux riches.

— Moi, je fais mon métier, ajouta-t-il ; si Vergne me demandait de construire un château, faudrait que je m'y mette.

Comme Antonin l'interrogeait sur la durée des réparations, Chabassié répondit :

— Il voudrait que j'aie déjà fini, le bougre ! Moi, je soigne le travail. Si c'est pour faire la course, qu'il s'adresse à une entreprise ! Et puis, d'ailleurs, cette bergerie ne tient plus debout.

— On le voit pas souvent, votre patron, insinua Antonin.

— On dirait qu'il a peur de vous, répondit le maçon en riant. Il monte chaque fois que vous partez avec vos chèvres... De toute manière, il y a du boulot pour un an, il faudra bien qu'il patiente.

Cet aveu réconforta Antonin, qui redoutait une invasion rapide de son territoire. La solitude, en effet, l'avait rendu inquiet. Un rien le tourmentait. Les deux mois écoulés depuis la mort de sa mère, en bouleversant ses habitudes, l'avaient changé aussi.

Pour la cuisine, il s'arrangeait de son mieux, se contentait d'œufs sur le plat, de lard et de fromages secs. Le soir, il émiettait du pain dans un bol rempli du lait de ses chèvres. La plupart du temps, il parlait à voix haute. Cette manie lui était venue progressivement, à mesure que la nécessité de s'adresser à quelqu'un s'était imposée à lui. Parfois il s'injuriait, ou se donnait des conseils, ou discutait avec un être invisible.

— Tu devrais ramasser ces herbes pour tes lapins... Faudra penser à tes fromages... Tu aurais dû plumer une poule pour demain... Le temps va tourner au beau... Tu bois trop... Tu ne manges pas assez... Tu es un grand couillon... Tu n'as pas plus d'idées que ton coq.

Le matin lui apportait un peu de joie : l'aube coulait claire sur sa maison, il faisait une rapide toilette devant l'évier, retrouvait des gestes d'avant, imaginait sa mère sur le causse à la recherche des morilles.

Ensuite, après avoir mangé sa soupe, il partait derrière sa maisonnette où se trouvaient les clapiers des lapins, leur donnait l'herbe ramassée la veille, jetait des graines aux poules, s'en allait sur le plateau pour de longues heures.

Les premiers jours de septembre exhalaient des douceurs inhabituelles. La vallée baignait dans une brume d'où émergeaient vers midi les peupliers géants. Au retour de sa promenade, Antonin regardait les dernières traces de brouillard se fondre dans l'air qui perdait de sa limpidité. Affluaient par instants des parfums de champignons et de gibier. Dans les combes, des senteurs d'herbes mortes et de rocaille l'empêchaient de respirer, l'obligeaient à suivre les travers aérés par le vent. C'était l'époque où les grands lièvres roux trottent le long des sentes, et où la sauvagine s'active à la recherche de l'eau, museaux frémissants, à fleur de terre...

L'après-midi, il se reposait jusqu'à trois heures. Après, il descendait à la vigne pour nettoyer les abords avant les vendanges, puis il remontait pour sortir les chèvres avant la traite. Il soupait d'un bol de lait et il partait pour une dernière promenade avant la nuit. Toujours au même endroit ; c'était comme un rite : il montait jusqu'à la bergerie de Vergne, s'engageait dans les venelles jonchées d'éboulis en se disant : « Tu prends des habitudes de vieille chouette », mais rien n'aurait pu le détourner de ce plaisir : là, immobile devant les amas de pierres et les charpentes écroulées, il se rappelait sa jeunesse, les longues nuits d'été silencieuses, Armandine, les rogations, le vin de messe, les paillades. Il évoquait les disparus, Mélanie d'abord, si présente encore ; Armand Pélissou, le *galoupaïre,* mort dans les pires souffrances ; Jean Plandieu et sa femme partis en 1952 pour Figeac, à l'époque où les commerçants s'étaient aperçus que l'argent se trouvait dans les grandes villes, n'importe où, mais ailleurs. Marius Lonjou, le forgeron, était allé, lui, en 1939, à Vayrac avec toute sa famille. Il y avait belle lurette que la forge ne retentissait plus du son clair qu'Antonin aimait tant. Le pauvre Marius était mort au maquis en 43, du côté de Branty, le pays des « mange-grenouilles », là où il y a de l'eau. Benjamin Bayle avait emmené sa belle Élodie vers les fastes de la grande ville avant les années 60, et nul ne les avait revus.

Antonin se souvenait de tous entre les murs écroulés : de Julien Cabessus, le père d'Armandine emporté par la grippe espagnole, de Gaston Ribeyre, le charron, de Cabussel, de Rieux, de Fauvergne, de Petit, de Cadet, de Martin. Il les avait tous crus enracinés à jamais, accrochés à leur terre comme du chiendent, et tous étaient partis, les uns après les autres. Il les injuriait avec un plaisir douloureux, choisissait ses jurons préférés, et Vergne le premier, qui s'apprêtait à livrer Les Bories à ceux d'en bas :

— Tête de mort, lui disait-il en passant près de sa maison, bouc de bouc, mange-merde, gougnafier... et pis encore.

La nuit tombée, il rentrait enfin, rassasié des images de son passé, de celle du *galoupaïre* assis devant le seuil de sa maison et creusant ses sabots, de tous ceux qui avaient donné vie au village.

Vers la fin de septembre, un soir, comme il se préparait à manger, on l'appela du chemin. Il s'essuya les mains, sortit sur le seuil et reconnut Baptiste Vergne. Ce dernier demanda à Laforgue si les ouvriers pouvaient démolir le vieux mur qui étranglait le passage et en construire un neuf un peu en retrait. De stupeur, Antonin resta un moment sans voix. Quoi ? Ouvrir la route aux destructeurs de la vallée, abandonner pour eux le moindre mètre carré de terre ? Sans un mot, il rentra chez lui, ressortit aussitôt avec son fusil, au comble de la fureur :

— Tu l'auras cherché, grippe-sou, mauvais riche !

Vergne eut à peine le temps de disparaître derrière le fameux mur et de se retirer sur la pointe des pieds.

Demeuré seul, Antonin se mit à manger, en proie à d'amères pensées. Que les temps avaient donc changé depuis les veillées d'avant-guerre ! Personne alors n'était fier, aux Bories, et tous parlaient le même langage. Aujourd'hui, il ne reconnaissait plus rien, le monde devait être pris de folie. Pas plus tard que la veille, en effet, il avait surpris deux jeunes hommes inconnus en train de voler des pierres sans même se cacher. Il avait eu tout loisir de remarquer leur jeunesse aux cheveux longs atteignant les épaules, à leur manière de marcher propre aux adolescents rencontrés dans les foires. S'avançant dans la venelle encombrée, il avait lancé :

— Ne vous gênez pas !

Les voleurs de pierres, qui ne l'avaient pas entendu s'approcher, s'étaient relevés lentement. Tous deux portaient un collier bizarre, un maillot à manches courtes laissant découverts leurs bras ronds et musclés. Le blond avait souri malicieusement, demandé :

— Elles sont à toi ?

Le tutoiement l'avait désarçonné autant que l'arrogance du garçon. Tremblant sur ses jambes, une légère angoisse au fond de lui, Antonin avait répondu :

— Elles ne sont pas à moi, non.

— Alors ?

Maintenant, c'était le garçon brun, les bras écartés, qui le toisait en ricanant. Laforgue n'avait su quelle contenance prendre. Il avait peur, mais en même temps il sentait une force croître dans son corps. Il revit en un instant les figures de ses anciens amis et sa peur s'évanouit aussitôt. Il fit un pas vers les deux jeunes.

— Les héritiers porteront plainte, dit-il.

— Non, mais tu l'entends, ce vieux con, fit le blond d'un air menaçant.

— Laisse tomber, dit le brun en retenant son copain par le bras, tu sais bien que c'est pas le moment...

Ils étaient partis vers leur fourgonnette, des insultes à la bouche, et Antonin était revenu sur ses pas, remontant lentement la venelle, avec, sur ses épaules, le poids d'un immense découragement.

— Pauvres de nous, dit-il à Mélanie, sa confidente, en entrant dans l'étable, ce n'est pas de mon temps que la jeunesse aurait gourmandé les anciens, tiens !

La chèvre bêla une approbation, il lui entoura le cou de ses bras, demeura pensif et préoccupé. Plus que les injures, le mépris des jeunes l'avait blessé. C'était un peu comme si lui, Antonin, n'existait pas ou comme si son existence n'avait aucune importance. La pensée de n'être utile à personne naquit en lui, devint aussitôt une cruelle certitude et ne le quitta plus.

3.

Sa seule passion était la confection de ses fromages. Chaque soir, à la traite, il versait le lait avec un peu de présure dans de grands pots en grès, il laissait reposer le liquide vingt-quatre heures à une température constante. Le lendemain, il transvasait le caillé dans ses petits moules ronds percés de trous, où il s'égouttait quelques heures encore. L'important était de conserver la bonne température, car elle conditionnait le parfait égouttage du caillé. Pour cela, à midi, afin de le préserver de la chaleur, il descendait à la cave les moules qui avaient passé la nuit au bas du buffet, sur un lit de paille sèche. Deux jours après, il dosait sel et poivre pour obtenir le bon assaisonnement avant le séchage, qui durait parfois des semaines. Cette opération s'effectuait dans une barquette grillagée, accrochée au plafond par une ficelle qui glissait sur une poulie... Beaucoup de travail pour un petit profit.

Il devenait pourtant urgent de songer aux vendanges : le raisin était mûr à souhait et le beau temps s'affirmait. Marguerite Maréchal lui avait promis son aide, mais il n'attendait pas celle de Sourzac, qui lui offrit pourtant sa participation. Il l'accepta, bien sûr, sachant qu'ils ne seraient pas trop de trois pour monter les comportes à la maison, la charrette et le tracteur de Vergne lui étant désormais interdits.

Un samedi matin, donc, ils se retrouvèrent tous trois sur le versant illuminé par une aube fraîche. La terre fumait entre les ceps de vigne dont les feuilles bruissaient au vent du sud. Antonin avait apporté quatre paniers tressés avec des tiges de saule ramassées pendant l'été au bord des ruisseaux de la vallée. Les comportes furent alignées au niveau de la plus haute rangée de vigne, afin de raccourcir la distance entre elles et la maison au moment du transport. Adrien et Marguerite commencèrent à couper les grappes de chaque côté du premier rang, Antonin attendit que l'un des paniers fût plein pour le vider, puis il entreprit un va-et-vient entre les comportes et les coupeurs, d'abord rapidement, plus lentement ensuite, en raison de la fatigue et des difficultés à se déplacer dans les herbes trop hautes.

Personne ne parlait : absorbés par leur travail, Adrien et Marguerite tranchaient d'un coup de couteau les grappes vernies en prenant soin de ne pas les heurter. Ils progressaient à bonne allure, d'un accord muet, pour réchauffer leurs mains humides de rosée.

A dix heures, deux comportes étaient pleines. Plus du tiers de la vigne avait été vendangé. Laforgue décida d'un repos de quelques minutes, offrit un verre de vin à ses aides, et Adrien reprit aussitôt le travail. Marguerite dit à Antonin :

— Il ne parle pas beaucoup, cet homme-là, j'ai idée que quelque chose doit lui manger la cervelle.

Elle repartit à son tour, laissant Antonin songeur, et

ils travaillèrent jusqu'à midi. Alors Laforgue les invita à manger, mais Sourzac refusa, assurant que sa femme l'attendait. Ils convinrent de revenir à la vigne à quatre heures, après la grosse chaleur : ils auraient largement le temps de terminer la coupe.

Pendant qu'ils mangeaient du poulet et des haricots blancs, Marguerite et Antonin parlèrent du temps jadis, à l'époque où Rieux embauchait toute la population du village.

— Ses vignes allaient de La Croix-du-Pic jusqu'à Fanlat, dit Marguerite. Il y travaillait par n'importe quel temps : il épamprait, il sulfatait, il sarclait, il allumait des feux les jours de grand gel. Quand il a dû vendre, on a cru qu'il allait se tuer.

La vieille soupira, Antonin l'imita. Elle reprit, après avoir avalé une bouchée :

— Pour les vendanges, il demandait des valets dans la plaine. Pendant plus d'une semaine, ils dormaient dans la paille, la nuit, ivres morts après avoir fait ripaille. Pourtant, au matin, tout le monde se levait à cinq heures, et de bonne humeur. Les chevaux tiraient les charrettes où s'entassaient les vendangeurs qui chantaient de vieilles antiennes.

Marguerite fredonna :

Je m'approchais de la bergère
Pour lui parler
Turlututu
Pour lui parler
Lalounla lolirette
Pour lui parler
D'amour...

— Mais, rappelle-toi, ajouta-t-elle, interrompant la chansonnette, les jeunes ne chantaient pas tout le temps : ils se cachaient dans les rangées de vigne, et j'en connaissais plus d'une qui a reçu là son premier baiser.

Elle se tut un instant, troublée, soudain, comme si elle revivait un instant délicieux de sa vie. Antonin aussi se souvenait des vendanges, des moissons et des fenaisons de son enfance. En arrachant au temps ses propres ceps de vigne, il avait l'impression d'avoir remporté une victoire contre le modernisme et sa folie. Il était fier de sa récolte qui leur permettait de boire son vin à longueur d'année, au lieu d'acheter à l'épicier de Martel un breuvage chimique.

Marguerite, s'étant aperçue qu'il ne l'écoutait plus, s'était tue. Ils mangèrent et burent plus que de coutume, perdus dans leurs rêves. A trois heures, Antonin s'occupa des chèvres et des lapins étonnés de recevoir si tôt leur pitance, puis il descendit à la vigne en compagnie de Marguerite. Il y retrouva Adrien et Rosalie Sourzac.

— Vous comprenez, dit ce dernier, elle a tenu à venir parce que ce sont sans doute ses dernières vendanges.

En disant cela, ses yeux brillaient un peu. Il entraîna sa femme vers la vigne où il lui donna son sécateur.

A trois coupeurs, ils eurent tôt fait de récolter les dernières grappes. Il fallait maintenant transporter les comportes. A cet effet, Laforgue avait coupé deux longues branches de frêne assez flexibles pour se plier au rythme de la marche. En accord avec lui, les femmes partirent dans sa maison pour préparer le repas du soir.

Le travail occupa les deux hommes jusqu'à la tombée de la nuit. Après avoir vidé la dernière comporte dans la cuve, épuisés, ils regagnèrent la cuisine et se laissèrent tomber sur le banc. Ils s'attablèrent, parlèrent de la qualité du raisin, s'interrogèrent sur celle du vin, discutèrent des vendanges à la machine dans le vignoble bordelais, soupirèrent enfin sur le temps présent qui les contraignait aux regrets. Et bientôt, alors que la soirée s'achevait, dans le silence subitement retombé, Rosalie se mit à pleurer. Cela faisait d'ailleurs plusieurs minutes qu'elle pleurait sans bruit, mais personne, pas même Adrien, ne s'en était aperçu. Quand ils comprirent, l'émotion les gagna à leur tour. Sourzac prit la main de sa femme, demanda :

— Tu es malade ?

Elle ne répondit pas, demeura penchée sur son assiette, abrutie de chagrin.

— Je ne suis pas malade, souffla-t-elle, ça va passer, ne vous occupez pas de moi.

Tous étaient remués jusqu'au cœur par ses larmes inattendues. Une peur soudaine coulait en eux, indéfinissable mais douloureuse, comme à l'approche d'un malheur. Adrien s'essuya le front d'un revers de manche, agrippa sa femme aux épaules.

— Arrête Rosalie ! Ne pleure plus !

Elle fit un effort pour parler mais n'y parvint pas. Au contraire, en essayant de refouler ses larmes, elle laissa échapper un gémissement qui les rendit tous silencieux pendant de longues minutes. Marguerite Maréchal hochait la tête tristement, Antonin rassemblait des miettes dans un coin de table, Adrien gardait son bras sur celui de sa femme en soupirant. Enfin, Rosalie s'apaisa. Elle s'essuya les yeux, haussa les épaules comme pour se moquer d'elle-même, murmura :

— C'est la dernière fois que je vendange, vous comprenez...

Ils furent soulagés par cet aveu. Puis, après réflexion, ils furent tous frappés par cette évidence : ils ne se retrouveraient plus jamais rassemblés autour d'une table ; l'hiver, au contraire, les séparerait pour toujours.

— Vous aviez bien le temps de vendre, nom de Dieu ! s'insurgea Laforgue.

— Mon pauvre Antonin, murmura Rosalie, sans argent le petit nous aurait pas voulus ; quand on est vieux vous savez...

Cette résignation toucha Laforgue, qui écarta les bras en signe d'impuissance. Il songea vaguement qu'il était peut-être fou de s'accrocher à son tas de cailloux, se sentit cerné, tout à coup, comme un gibier avant la curée. Marguerite tenta de consoler Rosalie en disant :

— Votre fils vous conduira le dimanche.

— Pour aller où ? Nous n'aurons plus rien ici.

— La belle affaire, vous viendrez chez moi !

— Vous êtes gentille, Marguerite, dit Adrien, mais le fils n'a que ce jour de repos, et je ne sais pas s'il voudra bien nous amener.

— C'est bien malheureux, souffla Antonin.

— Si ça se trouve, on se plaira bien, reprit Sourzac.

Puis, s'adressant à sa femme :

— Tu verras, Rosalie, qu'on ne languira pas trop.

Elle hocha la tête tristement sans le regarder.

Ils avaient fini de manger. La fête était terminée depuis longtemps. Antonin avait l'impression qu'une autre maison s'écroulait au village et se demandait qui rachèterait les murs. Cette journée, dont il avait attendu tant de plaisir, s'achevait dans le désarroi de tous. Ils n'étaient pas de taille à se battre contre cette force invisible qui s'acharnait contre eux.

Antonin accompagna ses hôtes jusqu'au portail, leur serra la main, et ils disparurent dans la nuit, le laissant seul avec ses fantômes.

Trois jours plus tard, il alla à la foire vendre des fromages et des œufs, ce qui ne lui arrivait pas souvent. D'ordinaire, il les cédait aux Vergne, mais depuis sa dispute avec Baptiste, il n'en était plus question. Il vendit ses produits avant dix heures mais resta derrière ses paniers, se demandant par quel sortilège les foires avaient perdu, au fil des ans, leur importance. Aujourd'hui, seuls quelques forains installaient leurs étals sur la place, côtoyés par une dizaine de paysans vite débarrassés de leur volaille. Plus de bétail, plus de maquignons, plus de cris ni de marchés conclus à grand renfort de gestes et de verres vidés au café ! Antonin rêva aux camelots d'antan, au bruit des bouteilles cassées (celles que des gitans exposaient aux boules des plus adroits), aux hurlements des enfants qui se faufilaient entre les étals au risque de tout renverser, aux retrouvailles joyeuses où l'on discutait de partages, de généalogies compliquées, de l'essai du dernier désherbant et de l'orage de la veille ; les ménagères marchandaient ferme pour une botte d'oignons, parfois on menaçait d'en venir aux mains, mais tout rentrait dans l'ordre après l'intervention du garde champêtre. Parfois aussi, des embrassades exagérées bouchaient le passage, des éclats de voix succédaient aux considérations de circonstance sur la beauté d'un enfant ou la maladie de la vieille mère ; un maquignon poursuivait un paysan récalcitrant, le rejoignait, lui prenait la main pour lui arracher un marché, et ils partaient côte à côte vers le café le plus proche après s'être accordés. Il y avait dans l'air cette odeur de crottin propre aux bestiaux rassemblés, porcs, vaches, bœufs, brebis alignés le long des cordes fixées de chaque côté de la route. Heureux mais effrayé de tant de bruit, Antonin se cachait derrière sa mère ou serrait très fort la main de son père. Ivre d'un vacarme auquel il n'était pas habitué, il s'enfonçait dans une douce somnolence, son refuge préféré, alors, contre les manifestations bruyantes...

Rien de tout cela ne survivait aujourd'hui. Antonin s'ébroua, rassembla ses paniers, vérifia les sous cachés dans son porte-monnaie, et s'installa sur sa bicyclette. Depuis longtemps le mulet avait été vendu, la charrette remisée au fond de l'étable. Il acheta une côtelette à la charcuterie et partit vers ses hautes terres, bien décidé à ne plus revenir dans ce monde où il se sentait de plus en plus étranger.

4.

Le gel arriva début décembre, porté par le seul vent du nord qui gémit pendant deux jours sur le plateau dénudé. Les herbes se dressèrent sur le versant comme des clochers miniatures, les genièvres s'éclairèrent comme des guirlandes les jours de fête, des vagues d'air glacial ondulèrent au-dessus de la vallée et les vitres fleurirent d'arabesques en relief.

En sortant, ce matin-là, Antonin ferma ses yeux rendus douloureux par la lumière. A peine s'il devinait sur le versant le vol des alouettes sautillant au milieu des miroirs du gel, ou, plus haut, le vol syncopé des corbeaux perdus dans l'air métallisé. Il prit un fagot dans la grange et rentra pour allumer le feu. Quand les flammes brillèrent dans le foyer, il tendit ses mains, assis au cantou dans sa position favorite, le buste penché vers la chaleur. Déjà un mois que la froidure avait gagné le causse, un mois passé à revivre des scènes dont les images s'étaient fixées en lui à jamais, et surtout celle, obsédante, de Rosalie Sourzac refoulant ses larmes le jour de son départ...

Le fils était pressé : il avait déménagé les meubles de ses parents la veille ; restait à emporter quelques cartons mal ficelés, à emmener les deux vieux sans perdre de temps. Il dut pourtant accepter qu'ils fassent leur visite d'adieux dont ils avaient repoussé les sombres perspectives jusqu'au dernier moment. Laforgue les avait vus arriver à quatre heures de l'après-midi, Sourzac le premier, la tête rentrée dans les épaules, suivi par Rosalie, toute menue dans sa robe des dimanches. Ils avaient bu un verre d'eau-de-vie puis étaient restés silencieux, comme accablés par cette séparation inéluctable.

— On vous verra peut-être à la Toussaint, dit Antonin, qui cherchait des mots de consolation.

— Peut-être, répondit Adrien, si le fils est libre ce jour-là.

— Vous direz au revoir pour nous à Marguerite, murmura Rosalie en triturant son mouchoir.

Ils burent lentement l'alcool qui colora leurs joues, savourèrent leurs derniers instants de présence au village, puis se résignèrent. Adrien reposa son verre, se leva brusquement :

— Allez, viens vite, Rosalie !

Celle-ci se dressa péniblement, comme si toutes les années vécues aux Bories pesaient sur ses épaules pour mieux la retenir. Elle eut quelques secondes de faiblesse, s'appuya sur la table, et les deux hommes la prirent par les bras pour l'aider. Sur le seuil, les yeux noyés, elle embrassa Antonin tandis que Sourzac lui tendait la main, soufflant d'une voix brisée.

— Au revoir, Laforgue, et bonne santé.

— Bonne santé à vous aussi, Adrien.

Ils partirent, tanguèrent sur les pierres de la cour comme une barque sur la tempête...

Dans la mémoire d'Antonin, ce départ ne s'était pas

effacé. Il en gardait le souvenir précis, en même temps que la conviction d'être, désormais, chargé d'une mission : celle de perpétuer au village l'existence de ceux qui avaient été forcés de partir.

Dès le lendemain de ce départ, un défilé ininterrompu de camions et de fourgonnettes avait commencé, libérant chaque matin des équipes d'ouvriers sur le chantier de l'ancienne maison des Sourzac. Poussé par la curiosité, Antonin descendait parfois sans se faire voir, caché dans une venelle. Assis sur les éboulis, il assista, jour après jour, à la réalisation des joints extérieurs, des crépis, à la transformation de la toiture, au remplacement des portes et des fenêtres, au rechapage de la cheminée. Peu à peu, témoin impuissant de cette mutation, il en souffrit comme d'une blessure.

Les travaux furent poursuivis tout décembre. La semaine d'avant Noël, un peu de neige tourbillonna dans l'air glacé, un soir, comme il rentrait de sa corvée de bois. Devant la maison remise à neuf, trois voitures étaient alignées, scintillantes sous les flocons. Une douce musique s'échappait de la maison aux vitres décorées de poudre blanche, étrangement accordée au calme de la nuit. Il s'approcha, longea le mur perpendiculaire au chemin et, à travers les volets mi-clos, il regarda : dans la pièce principale, sous un lustre de verre, des fauteuils de velours vert trônaient sur un carrelage couleur brique, entre des meubles vernis. Des flammes brillaient dans une cheminée neuve aux chenets jaune d'or. Cinq personnes occupaient la pièce, parmi lesquelles Laforgue reconnut le pharmacien à ses lunettes et son long nez. Une grande femme blonde lui faisait face, près d'une chaîne haute-fidélité qu'Antonin appela « boîte à musique ». Il trouva la femme si belle, la musique si émouvante que le cœur lui manqua. Il partit tel un lièvre débusqué, subjugué par un charme indéfinissable dont il tirait plaisir et honte à la fois. Il s'assit un instant sur le seuil de sa maison, prit sa tête entre ses mains, attendit que les battements de son cœur s'apaisent, murmura :

— Qu'est-ce qui te prend ? Tu perds la tête ?

Noël passé, le pharmacien, sa femme et leurs amis partirent. Le village retrouva son aspect habituel, déserté à nouveau par les voitures. Antonin, qui était revenu pendant trois nuits derrière le volet à l'appel de la musique, resta ébloui par les images d'un monde entrevu : les meubles, les robes longues des femmes, leurs manières de se mouvoir, de parler et de rire, la prestance des hommes élégamment vêtus. Il eut envie d'en parler à Marguerite, mais il y renonça : elle se serait moquée de lui. Pas question d'aller chez les Vergne, alors il conversait avec ses chèvres, racontait ses découvertes et, pour finir, comme il les avait menées au bouc au temps opportun, les cajolait :

— Vous êtes contentes, hé ! Vous l'aurez, votre cabri. Moi j'en ai jamais eu de petit...

Mélanie tournait la tête vers lui, léchait sa grosse main meurtrie par les engelures, lui mordillait l'oreille : cela suffisait à son bonheur.

L'hiver, cette année-là, ne fut pas trop rigoureux. La neige de Noël tint trois jours sur le sol, étincelante sous un ciel de verre, mais dès le début de janvier, le vent se mit à souffler de l'ouest, traînant derrière lui son cortège de nuages noirs pendant de longues semaines. Vers la mi-mars, il y eut une averse de grêle qui délivra le causse du froid. Un soir, de la citerne,

Antonin aperçut des nappes blanches étendues sur la vallée : les vergers en fleurs de Saint-Robert.

— C'est égal, se dit-il, les arbres sont précoces cette année. Pourvu qu'il n'y ait pas de gelées tardives.

Il n'y eut pas de gelées. Tout juste quelques matinées de rosée blanche sur le versant, vite bues par le soleil...

En avril, les chèvres firent leurs cabris. Antonin les trouva dans la paille au matin, encore humides des coups de langue de leurs mères, qu'il félicita :

— Ils sont très jolis, vos angelots. Je compte sur vous pour leur faire du bon lait.

Les cabris l'observaient en passant leur langue rose sur leurs babines ; déjà, il les aimait comme ses propres enfants. La séparation, comme chaque fois, lui serait pénible : le jour de la foire, il leur donnerait du lait dans un biberon jusqu'au dernier moment, tenterait de dissuader l'acheteur et finirait par se résigner, à midi, après les avoir caressés une dernière fois.

Fin mai, Marguerite Maréchal tomba malade. Le docteur, prévenu par Joséphine Vergne, avait promis d'envoyer une infirmière pour les piqûres. Seul dans la chambre noire de Marguerite, Laforgue croyait revoir sa mère sur son lit de mort. La vieille se mit à délirer au milieu de la nuit, ce qui l'inquiéta fort. Il se souvint des paroles de l'infirmière venue vers neuf heures du soir avec les médicaments :

— Vous savez, une pneumonie, à son âge...

Il veilla la pauvre Marguerite pendant trois nuits, relayé seulement la journée par Joséphine Vergne. Il se rappelait leurs longues heures de palabres, les histoires du temps passé évoquées ensemble, se désolait à l'idée qu'elle pût mourir sans revoir son fils. Pour se rassurer, il lisait sur les boîtes les noms impressionnants des médicaments : solucamphre, ozothine, eucalyptospirine. En vain : elle mourut au petit matin après trois jours d'agonie, alors qu'il s'était assoupi après une nuit passée à lutter contre le sommeil.

Le lendemain, prévenu par un télégramme expédié par Vergne, l'instituteur arriva. Il avait bien changé, le petit qui courait la lande, jadis : une paire de lunettes aux fines branches d'argent lui donnait l'air sérieux en usage dans sa profession, un costume de velours vert rehaussait son teint mat et s'accordait avec le vert plus pâle d'une cravate large comme une main.

Pendant la veillée funèbre, demeuré seul avec lui, après deux heures du matin, Antonin s'inquiéta de la maison de la pauvre Marguerite :

— Faut pas vendre, Pascal. Je peux pas t'expliquer, mais crois ce que je te dis. Si tu vends, ici, c'est fini pour nous.

Ils restèrent un long moment silencieux, Laforgue perdu dans ses pensées, l'instituteur vaguement contrarié, puis ce dernier déclara :

— Tout ça, mon pauvre Antonin, c'est bien loin pour moi. Que voulez-vous que je fasse de cette maison ? Ma vie n'est plus aux Bories.

Laforgue n'insista pas. Il résolut de reprendre la discussion après la cérémonie : quand Pascal aurait vu sa mère dans le trou, seule pour toujours s'il coupait définitivement le lien qui les retenait encore, l'émotion le rendrait à de meilleures résolutions. Hélas, sitôt l'enterrement terminé, Pascal remit la clé de sa maison aux Vergne, s'installa dans sa voiture en promettant de revenir dans quelques jours. Antonin, tête basse, monta chez lui, incapable de se délivrer d'un carcan douloureux posé sur sa poitrine...

L'été arriva sur le causse pour la Saint-Jean. Une semaine plus tard, un dimanche après-midi, Laforgue entendit une voiture sur le chemin et se précipita au portail ; Vergne courait derrière, à bout de souffle, criant :

— Je vous attendais pas si tôt.

Antonin ouvrit le portail, aperçut un grand homme blond, une femme brune en pantalon et trois gosses qui filèrent aussitôt vers la placette en manquant de le faire tomber au passage. Il rentra chez lui en bougonnant. Quand il eut mangé, il sortit à nouveau et se trouva face à face avec Baptiste, qui redescendait.

— Qui sont ces gens ? demanda-t-il.

— Mes locataires. Et tâchez de bien vous conduire avec eux, sans quoi je ferai venir les gendarmes.

— Et pour combien de temps ?

— Ça ne vous regarde pas. D'ailleurs, après eux, il en viendra d'autres.

Il écarta Laforgue du bras, descendit sans se retourner. Vers le soir, à l'instant de partir avec ses chèvres, Antonin entendit des appels dans la cour. Surpris, il ouvrit vivement sa porte, reconnut les vacanciers qui tenaient chacun un enfant par la main, le troisième restant en arrière avec une expression inquiète.

— Bonjour monsieur, dit l'homme en souriant. Nous sommes voisins pour trois semaines et nous avons tenu à vous présenter nos respects.

Cette politesse, peu usitée aux Bories, impressionna si fort Antonin qu'il ne sut quoi répondre.

— Nous tâcherons de ne pas trop vous importuner, dit la femme, qui avait noué un foulard dans ses cheveux. Notre compagnie, pour être bruyante, n'en sera pas moins agréable, du moins nous l'espérons.

Antonin n'osait pas s'avancer : le langage de ses voisins l'intimidait. Il avait honte, tout à coup, de ses vêtements, de sa maison aux murs décrépis, de sa cour souillée par les poules. L'homme et la femme s'approchèrent, lui tendirent la main, imités par les enfants. Il bredouilla quelques mots, les raccompagna au portail, puis il revint vers l'étable où il dit à ses chèvres :

— Nous voilà envahis. Faudra bien s'y faire.

Sur le chemin, les enfants l'attendaient : trois gosses blonds avec la même frimousse éclairée par deux yeux rieurs. Le plus petit d'entre eux prit sa main sans façon et la chaleur de sa peau attendrit Laforgue. Il songea alors à sa propre chair desséchée comme une branche morte, à son corps vieillissant et inutile, à toute cette bonté qu'il portait en lui et qui ne servirait à personne puisque l'enfant de Mélanie n'était pas né.

— Dis, monsieur, fit le petit, attrape-moi la chèvre blanche, je voudrais la toucher.

Un sanglot monta dans la gorge d'Antonin, l'étouffa : dire que jamais le sourire d'un gosse n'égaierait ses vieux jours ! Et jamais le contact d'une chair tiède, pleine de vie, pour le réchauffer pendant de longs hivers qui lui donnaient froid jusqu'au cœur ! Mais la solitude, au contraire, et le silence, et la seule présence de son corps à lui, trop grand, trop vaste et si douloureux ! Quel crime avait-il commis pour être condamné à une existence stérile, porte ouverte sur la mort dont il se rapprochait inexorablement jour après jour ?

Il appela Mélanie, qui vint en bêlant doucement.

Les enfants frottèrent leurs joues contre les longs poils pendant qu'il s'amusait de leurs questions :

— Ça mord, les chèvres ? Combien font-elles de petits ?

Il expliquait de son mieux, s'étonnait de la curiosité des gosses, et surtout de celle du plus petit, dont la vivacité le séduisait. Celui-là fut son préféré dès le début, d'autant plus qu'il prit l'habitude d'attendre Antonin chaque matin dans la cour. Réticent les premiers jours, le solitaire accepta bien vite la compagnie prolongée du petit.

— Ne fais pas l'ours, se disait-il, tu resteras bien assez seul pendant l'hiver.

Peu à peu, il s'habitua à la présence de l'enfant au point d'en oublier ses menus travaux, mais il n'osa pas en parler aux parents, car cette complicité lui paraissait trop grave et trop fragile à la fois. Le gosse le suivait partout, trottinant à ses côtés, s'asseyant près de lui dans les combes pour quelques minutes de repos, copiant ses attitudes sur celles de son compagnon, étonné d'une telle passion. Tôt le matin, l'enfant entrait, partageait le déjeuner d'Antonin, parlait interminablement de sa voix cristalline.

Ses parents s'inquiétèrent bientôt d'une telle situation. Ils interrogèrent Antonin, qui ne sut expliquer pourquoi le petit se plaisait tant avec lui. Ils proposèrent de le retenir chez eux, s'inclinèrent cependant devant la supplique du solitaire :

— Laissez-le-moi un peu plus, ça me fait plaisir !

Et Antonin découvrit l'univers des villes aux récits de son jeune compagnon, retrouva un peu de sa jeunesse perdue, connut un vrai bonheur pendant une quinzaine de jours, vécut une vie différente où la bonté seule importait, et la confiance, et la tendresse.

Quand l'enfant riait près de lui, il revivait des sensations qu'il croyait perdues : le parfum des pralines le Jour de l'an, celui de la farine brute passée dans un tamis à bras, de la soupe de pain, des gâteaux de farine de maïs garnis de morceaux de citrouille. Parfois des images jaillissaient, si nettes qu'il en sursautait : le tisserand aux grands yeux noirs, le ramoneur aux cheveux noirs de suie, traînant sa charrette à bras comme une bête de somme. Et Antonin s'étonnait de se retrouver déjà si vieux, au bout d'une route parcourue trop vite... Mais l'enfant le tirait bien vite de sa rêverie, le considérait comme le père Noël, et la lueur aperçue dans les yeux du petit le hantait pendant la nuit...

Le départ les surprit l'un et l'autre. Quand Antonin se leva, ce matin-là, il ne trouva pas l'enfant sur le seuil. Il courut jusqu'à la maison des vacanciers, dont les portes et les fenêtres étaient closes. La voiture avait disparu. Alors, il comprit. Ce fut si violent qu'il lui sembla basculer sur les pierres du chemin que le gosse avait foulées de ses pieds chaque matin. L'évidence de lendemains sans couleur brisa en lui tout sursaut de révolte : pendant la matinée, malgré le beau temps, il se terra dans un coin de l'étable ; vers midi, il rentra pour manger mais laissa la moitié de son assiette de soupe ; ensuite, il partit avec ses chèvres, ignorant leurs gentillesses, plein d'une lassitude infinie. A partir de ce jour, il se replia sur lui-même, perdit des forces et s'enfouit au fond de sa solitude, sans la moindre espérance.

Début août, des orages éclatèrent à la chute du jour, traînant des nuages que l'aube suivante ne dispersait pas. Il y eut une poussée de morilles dont il se régala. Il évitait les nouveaux locataires des Vergne qu'il avait aperçus une fois, le jour de leur arrivée. Le pharmacien s'était installé aux Bories avec sa famille et des amis auxquels il rendait ses devoirs d'hôte, en les accompagnant dans leurs randonnées. Chaque jour, vers midi, Vergne montait vers sa propriété et criait du chemin :

— Vous n'avez besoin de rien ?

Une voix de femme lui répondait, il redescendait lentement sans jamais s'arrêter devant le portail d'Antonin : son seul travail de la journée, car il souffrait d'arthrose et se déplaçait avec une canne.

Pascal, le fils de Marguerite, revint vers la fin du mois, accompagné d'un agent d'affaires en costume et cravate. Ils restèrent tout un après-midi au village. Étant parti depuis le matin sur le causse avec ses bêtes, Antonin ne les vit pas.

Le village accueillit enfin ses derniers vacanciers ; un couple sans enfant, qui, d'évidence, aimait la solitude. Antonin les aperçut deux ou trois fois, le soir, en partant à l'espère du lièvre, mais ils n'engagèrent pas la conversation. Pendant la pleine lune, il avait passé quelques nuits au-dehors, dans la moiteur des rosées, épiant l'aboiement de quelque chien sauvage sur la piste des levrauts de l'année, et depuis sa jambe et son bras le torturaient : l'humidité des nuits avait réveillé ses douleurs.

Novembre arriva si vite qu'il dut hâter ses travaux de coupe. Déjà le gel avait blanchi le versant exposé au nord pendant trois jours, l'air piquait les mains et la peau comme une pelote d'aiguilles. En rentrant, un soir, son fagot sous le bras, Antonin trouva deux hommes devant son portail : Baptiste Vergne et le pharmacien. Ceux-ci, après les considérations de circonstance sur le temps et malgré la mine peu engageante de Laforgue, lui proposèrent de lui acheter des terres afin de désenclaver le causse pour la construction d'une route qui rejoindrait la nationale 20 entre Brive et Cahors.

— Comprenez-nous bien, monsieur, précisa le pharmacien : il s'agit d'insérer notre si belle région dans le circuit économique et de la faire bénéficier des bienfaits du tourisme. L'expropriation n'étant qu'un pis-aller, il conviendrait qu'un accord amiable intervînt pour la cession de quelques-unes de vos parcelles.

— Je garde mes terres, monsieur, dit Antonin, aussi pâle qu'un mort. Personne n'y touchera jamais.

Les deux hommes repartirent sans insister davantage, et Laforgue entendit Vergne s'exclamer :

— Vous voyez ! Je vous l'avais bien dit !

Il entra dans l'étable de ses chèvres, s'assit sur le tabouret dont il se servait pour la traite, appela Mélanie, qui vint aussitôt se frotter à lui.

— J'aurai tout vu, ma pauvre, lui dit-il. Voilà maintenant qu'ils s'en prennent à mes terres.

Une sorte d'angoisse l'habita tout l'hiver. Aux bourrasques de neige voltigeant dans l'air glacé succédèrent quelques giboulées trop vite taries. Un peu de courage lui revint au printemps, dont les nuits chaudes et parfumées n'annonçaient cependant rien de bon : il se prépara à un été de feu.

5.

Cette année-là, la sécheresse sévit dès le début de l'été, creusant l'écorce des noyers, meurtrissant les versants de tavelures blanches comme des caries, propulsant la poussière des rocailles sur le plateau calciné. Une lumière crue tombait du ciel par vagues, illuminant la vallée d'un éclat insupportable aux yeux. Il fallait attendre les dernières heures de la soirée pour percevoir le moindre mouvement familier, grincement d'un seau descendant au fond d'une citerne presque à sec ou plainte d'un volet ouvert avec précaution. Antonin se désolait pour ses chèvres : certes, il restait un peu d'eau dans le puits communal, mais où trouver la verdure pour les nourrir ? Il les emmenait sur le plateau, la nuit, mais elles ne mangeaient pas à leur aise, car il les retenait près de lui, craignant de les perdre. Il descendait pourtant sur le versant, suivant même les fossés jusqu'à la plaine, aux endroits où l'herbe profitait de l'ombre des haies vives.

Il avait beau chercher dans sa mémoire, il ne se souvenait pas d'une telle canicule : même l'été de 1947, particulièrement chaud, n'était pas comparable à l'accablant assaut de cette boule de feu qui surgissait chaque matin de l'horizon, s'installait en plein ciel jusqu'au crépuscule, sans le moindre nuage entre elle et les terres hautes. Antonin, pour sa part, ne buvait que du vin et ne se rasait plus. Il entendait distinctement le ronflement voisin des pompes qui amenaient l'eau des ruisseaux de la plaine vers les abreuvoirs. Il songeait aux riches éleveurs de la vallée, à Baptiste Vergne en particulier, dont les bêtes devaient être couchées sur le flanc sous le regard désolé de Louis. Mais il y songeait sans méchanceté, se souvenant de l'opération de la hanche subie par le maire pendant l'hiver : depuis, le pauvre Baptiste se déplaçait péniblement, appuyé sur des béquilles. Il redoutait de le voir vendre, lui aussi : Antonin se serait alors trouvé seul pour perpétuer la race de ceux qui étaient nés au village, et cette charge lui paraissait bien lourde à porter.

Au début de l'année, en effet, un industriel de Souillac avait acheté la maison de Marguerite. Un homme brun, frisé, de forte corpulence, qui effrayait souvent les chèvres en klaxonnant. La maison de la défunte était méconnaissable : toiture neuve, crépi de ciment rose, portes et fenêtres en bois de noyer, enclos grillagé tout autour, et surtout, devant la façade, un immense trou rempli d'eau : la piscine. Antonin, émerveillé, passait souvent devant elle, malgré la présence des femmes en maillot de bain dont la tenue légère l'offusquait.

Les enfants du propriétaire avaient invité des camarades, leurs parents, des amis ; tous se baignaient ensemble ou se promenaient sur le plateau. Laforgue entendait tout le jour les transistors et les cris des étrangers auxquels s'était jointe la famille du pharmacien pour des banquets en plein air et, le soir, de longues heures de danse au son d'une musique à vous percer les tympans.

Vergne avait loué son gîte rural à un couple sans enfant qui ne partageait pas les réjouissances des autres. Chaque matin, le mari partait sur le plateau, malgré la chaleur, avec un chevalet et des pinceaux ; sa femme s'allongeait dans la cour sur une chaise longue et lisait des revues.

Antonin, bien souvent, se sentait seul au village. Où étaient-ils, les Pélissou, les Ribeyre, les Sourzac, qui avaient habité ces murs, parcouru ces chemins, réchauffé leurs mains aux cantous noirs de suie, tiré l'eau du puits communal ? Dans son désarroi, il se rappelait les feux de la Saint-Jean, Armandine qui l'attendait de l'autre côté des flammes, le montreur d'ours et sa roulotte, les veillées de dénoisillage, les battages au fléau... Se pouvait-il que les hommes et les mœurs eussent changé si vite ?

— Ils crient, ils dansent, ils courent, disait-il à ses chèvres, mais où vont-ils donc si vite ? Et cette télévision ! Ils sont donc si pauvres d'esprit, ces couillons ?

Quand les antennes avaient fleuri sur les maisons, Antonin en avait perdu le sommeil. C'était pour lui l'affirmation suprême du progrès. Or, le progrès, il connaissait : il avait vidé Les Bories de ses habitants, il avait remplacé les hommes par les machines, il lui avait envoyé des émissaires pour lui vendre ses terres, il venait de tuer la plus âgée de ses chèvres. La veille, en effet, Antonin avait trouvé la pauvre bête morte dans l'étable, un mince filet de sang coulant de ses oreilles : il en avait déduit que le bruit infernal des boîtes à musique était responsable de cette mort.

Il creusa un trou entre la vigne et une haie fleurie, fit basculer la chèvre à l'intérieur après l'avoir enroulée dans de vieux sacs en jute attachés avec de la ficelle. Avant de l'ensevelir, il lui parla une dernière fois :

— Je t'ai mise près de la haie. Quand les gratte-cul pousseront, toi qui les aimais tant, tu les auras au-dessus du nez.

Il la couvrit de terre et de pierraille, et partit, sa houe sur l'épaule, inquiet pour ses autres chèvres qui buvaient l'eau croupie du puits communal. Il regretta de ne pas avoir accepté l'eau courante, dix années auparavant, se préoccupa de savoir s'il trouverait une charrette pour descendre ses comportes à la rivière, comme le faisait son père ces jours d'été où le puits tarissait.

Au début de septembre, il reçut une enveloppe bleue à en-tête de la préfecture. Les mains tremblantes, il regarda la Renault jaune des P.T.T. s'éloigner, soupira au souvenir de l'ancien préposé, un nommé Alphonse, qui montait en vélo et buvait une bouteille en moins d'une demi-heure afin de recouvrer ses forces. Il déchira l'enveloppe d'un doigt hésitant et s'installa pour lire près de la fenêtre.

La lettre l'informait d'un arrêté préfectoral où il était décidé de recourir à une procédure d'expropriation pour des parcelles de terre au lieu dit Fanlat, dont Laforgue était propriétaire. L'arrêté de cessibilité devait intervenir avant le mois de décembre de la même année.

Il lâcha le papier comme s'il lui brûlait les doigts, but un grand verre de vin et s'en alla vers la maison du maire, lequel, heureusement, ne s'y trouvait pas : il visitait d'autres hameaux qui faisaient partie de la commune. La colère d'Antonin, ne pouvant pas s'exprimer, creva comme une baudruche trop pleine, fit place au désespoir : il se vit perdu, abandonné de tous, impuissant à changer le cours des événements. Il s'allongea sur la paille de l'étable en compagnie de ses chèvres. La chaleur de ce refuge sûr l'apaisa peu à peu et il finit par s'endormir.

Les jours suivants, il résolut d'ouvrir un passage dans la venelle jonchée d'orties et d'éboulis, afin d'accéder aux murs qui avaient abrité les anciens. Ce fut sa consolation et son réconfort. Là, à l'ombre des maisons écroulées, tel événement lui revenait en mémoire, ou telle parole, ou tel visage, si présents encore que rien n'avait changé : un jour, en bas de la venelle, son père lui avait donné le sucre qu'il gardait pour lui, au retour de la foire, au lieu de le mettre dans son café. Là, le sabotier avait mangé avec le jeune Antonin un bol de noisettes, à la saison où elles courbent les branches vers les violettes de la plaine. Un peu plus loin, Armandine lui avait offert une figue. Derrière ce mur, Jean Plandieu et sa femme travaillaient dans la bonne odeur d'étoffe, parmi les enfants silencieux... La somme de ces souvenirs enivrait Antonin. Il oubliait tout, rêvait dans le parfum des menthes sauvages, la tête soutenue par un sac plein d'orties.

A la mi-septembre, un orage alimenta le puits communal et délivra Laforgue du souci de l'eau. En rentrant de sa vigne, où il était allé constater l'état des raisins, il rencontra Baptiste Vergne sur le chemin, faillit ne pas le reconnaître : en six mois, d'un homme dans la force de l'âge, le mal avait fait un infirme.

— Vous ne pouvez pas savoir ce que j'ai enduré, fit Baptiste d'une voix brisée.

Antonin ne savoura même pas sa revanche. De le trouver si pitoyable après l'avoir vu si énergique, si plein de santé, au contraire, l'effraya. Il en oublia leur querelle, les mauvais coups de Baptiste, ses manières de jouer aux riches. Il ne restait plus rien de cet homme-là :

— J'ai démissionné de la mairie. C'est Levet, des Refresquières, qui me remplace.

Joséphine les rejoignit, elle aida son mari à marcher et tous trois avancèrent lentement en direction de la bergerie où Baptiste devait parler aux locataires. Pendant le trajet, ils avouèrent à Antonin qu'ils allaient partir chez le fils, dans la vallée. Sur le causse, c'était trop dur pour les vieux.

— Que voulez-vous, ajouta Joséphine, c'est la vie, tout ça : on travaille pour les enfants, on vieillit, et puis ce sont eux qui s'occupent de nous.

Antonin leur tint compagnie quelques minutes devant son portail, tandis que Baptiste, assis sur une murette, reprenait son souffle, puis il rentra chez lui et, aussitôt, pensa à Sourzac, dont on lui avait appris la disparition pendant l'hiver. La maladie l'avait rongé pour ne plus lui laisser, après une longue agonie, que la peau sur les os. Rosalie, lui avait-on dit, ne se portait pas bien. Il imaginait la pauvre femme cloîtrée dans une chambre, blottie près d'un poêle et meurtrie par la mort d'Adrien, se nourrissant à peine et levant les yeux vers un coin de ciel entre les toits. Elle mourrait bientôt, comme lui serait mort s'il avait quitté son village pour une maison de retraite, après de longs jours de captivité entre des murs infranchissables.

Vers la fin de septembre, les estivants partirent. Antonin retrouva sa solitude sans oublier le visage de ceux qu'il avait côtoyés pendant l'été. Parfois, lorsqu'il coupait des herbes à la faux, il s'arrêtait brusquement, demeurait pensif, rêvant à la femme blonde du pharmacien dont le souvenir restait vivace en lui.

— Vieux couillon, va ! disait-il.

Il reprenait alors le mouvement mécanique de son torse, les gestes dont il usait depuis toujours.

Au début de l'hiver, il empila du bois dans le hangar, fit de bonnes litières à ses chèvres avec de la paille nouvelle. Sa vie normale reprit : les chèvres le matin, les fromages l'après-midi, qu'il vendait les jours de foire. Le soir, il réparait des outils ou ravaudait ses frusques avec du fil trouvé au fond des tiroirs où sa mère enfouissait ses menus trésors. Vers la fin de l'année, de violentes pluies le contraignirent à rester enfermé. Il était seul sur les terres hautes. L'industriel venait rarement, le pharmacien aussi. Chaque fois qu'Antonin descendait sur le chemin, il s'approchait des maisons neuves, du carrelage bleu de la piscine, s'adressait au pharmacien en ces termes :

— Qu'est-ce que tu en ferais de ta route, couillon, t'es jamais là !

Rasséréné, il regagnait sa demeure battue par le vent du nord, se blottissait près de l'âtre, rejoignait par la pensée ceux qui avaient partagé sa vie, et qui n'étaient plus là, aujourd'hui, pour veiller sur le village.

6.

Il reçut l'ordonnance d'expropriation l'année suivante, au mois de mai. La lettre précisait que le transport sur les lieux s'effectuerait au tout début juillet. Il en ressentit comme un coup au cœur, lâcha la feuille de papier, s'assit sur son banc et appuya son front contre le bois frais.

La douceur de l'air qui avait tiédi dès la mi-mars, en lui permettant des sorties fréquentes, l'avait délivré complètement de ce souci. Perdu sur le plateau dans les brumes matinales, il avait retrouvé, au contraire, des émotions familières qui avaient fortifié son sentiment de tranquillité. Lorsque le soleil déchirait le brouillard, les terres hautes s'offraient à lui dans leur dénuement, moutonnement infini de courbes usées par le grignotement des jours. Les nuits, ruisselantes d'étoiles, charriaient des parfums de sève venus des vergers de la plaine. De jour, on entendait distinctement le murmure des genièvres et l'appel des perdrix en couvée...

Il avait vécu sous le charme d'une saison dont il aimait les grâces, aussi le choc n'en fut-il que plus douloureux. Il resta un long moment immobile et prostré, puis il s'ébroua, se servit un verre de vin et partit vers la grange. Là, il s'assit de nouveau, leva la tête vers la poutre maîtresse qui avait supporté tant de cordes, à l'époque où l'on hissait les meules de foin à l'aide d'une poulie, aperçut l'une d'elles qui pendait encore, inutile. Il se leva, entendit le bêlement de Mélanie dans l'étable et sembla se réveiller d'un mauvais rêve. Alors, il sortit, respira profondément, gagna l'étable, où il caressa tour à tour ses bêtes qui léchaient ses mains.

Le printemps s'épuisa en gelées blanches, l'été arriva, moins chaud que le précédent, certes, mais tout aussi lumineux, adouci d'averses nocturnes que dissipait le petit jour. Antonin, qui n'avait pas le souci de l'eau, descendait à la vigne de bon matin. Il en remontait harassé, mais heureux d'avoir oublié son inquiétude dans le travail. Il trouva la lettre sur le plancher sans surprise : il savait qu'elle l'attendait, car il avait entendu la voiture du facteur ; aussi l'ouvrit-il sans trembler. On lui annonçait la visite du juge pour le lendemain, entrevue destinée à fixer à l'amiable l'indemnité d'expropriation. On lui demandait de se trouver sur les lieux à dix heures précises, muni de la lettre qu'il lisait.

Toute la journée, il erra sur ses terres, désemparé, réfléchissant à la conduite à tenir. Vers le soir, il graissa son fusil, se coucha de bonne heure mais ne dormit pas. Le lendemain, il partit au lever du jour sur le plateau. Son fusil à l'épaule, il marchait lentement, attentif au bruissement des genévriers, au vol des buses dans le ciel blanc, aux appels des perdrix dans les bois de chênes. Il goûtait chaque souffle, chaque parfum comme s'il les percevait pour la dernière fois.

A l'heure dite, il se retrouva sur ses terres de Fanlat, une parcelle mangée par la rocaille et les buissons ardents. Il se posta derrière l'un d'eux, attendit l'arrivée d'une voiture, qui survint dix minutes plus tard. Deux hommes en sortirent, l'un d'eux portant chapeau, une mallette noire à la main. Ce devait être le juge, puisque l'autre était Antoine Levet, le nouveau maire de la commune. Ils inspectèrent les alentours, marchèrent un long moment, puis le juge ouvrit sa mallette, écrivit quelque chose sur une feuille de papier. Antonin ne bougeait pas. Les deux hommes, là-bas, paraissaient impatients. Sur un geste du juge, ils partirent à pas lents vers le chemin et disparurent derrière une rangée de chênes nains.

Antonin attendit un peu, puis s'en alla dans les combes avec la sensation d'un étau qui se resserrait autour de lui. Cette impression ne le quitta guère pendant les beaux jours du printemps, malgré la tiédeur des terres hautes et ses occupations à l'extérieur. Au contraire, elle s'affirma, le laissant chaque soir inquiet du lendemain.

Avec l'été, le village retrouva son animation. Outre le gîte rural, les Vergne avaient loué leur maison principale à une famille de cinq personnes, dont trois enfants. Chaque jour, ceux-ci rejoignaient les gosses dont les parents habitaient l'ancienne bergerie pour jouer à la guerre dans les éboulis qui jonchaient la venelle. Les maisons du pharmacien et de l'industriel, elles, s'étaient enrichies de plusieurs unités : les plus âgés de leurs enfants s'étaient mariés pendant l'année ; les amitiés s'étaient renouvelées, les invitations du week-end se multipliaient, provoquant l'arrivée de nouvelles têtes qu'Antonin baptisait d'un sobriquet. Il lui semblait vivre dans un autre univers.

Sa mère, Armandine, Mélanie ? Certes, il pensait encore à elles, mais de très loin, à travers une brume d'où leurs visages émergeaient à peine, déformés par le temps.

Sa santé se dégradait, le mal qui le rongeait empirait, minant de jour en jour ses velléités de défense. Un matin, alors qu'il descendait vers la placette, il eut un malaise, tomba sur le chemin, où il resta un moment inconscient, sans que personne s'en aperçoive : à sept heures, nul au village, à part lui, n'était encore levé.

Les jours suivants, il retrouva quelque vigueur après un traitement énergique effectué à l'aide de tisanes de feuilles de chêne, de noyer et de carotte sauvage, mais il n'eut pas le courage de se remettre au travail. Pour qui, d'ailleurs, aurait-il travaillé ? Qui bénéficierait de la prochaine vendange, s'il n'était plus là, lui, pour récolter ses raisins ? Ne valait-il pas mieux profiter des beaux jours en promenant les chèvres ou en guettant les étrangers dans les venelles ?

C'est vers cette époque qu'il reçut la visite de Joséphine Vergne. Il n'avait guère le cœur à parler, mais comme elle se mettait à pleurer au milieu de la cour, il la fit entrer dans sa maison.

— Baptiste ne va pas bien, souffla-t-elle, sitôt assise.

— Et qu'est-ce qu'il a ?

— On ne sait pas. Les docteurs ne veulent rien dire. Il faudrait l'envoyer à Paris pour des examens.

— Et le fils, qu'en dit-il ?

— Rien. Il parle avec le docteur, mais, si je m'approche, ils se taisent.

— Ne vous inquiétez pas, Joséphine, ça finira par s'arranger.

Ils burent un peu d'eau-de-vie, puis Joséphine se moucha et repartit bien vite, car le fils l'appelait. Antonin alla dans l'étable des chèvres, s'assit sur un tabouret. Baptiste allait mourir, il en était sûr. Après, ce serait son tour ou celui de Joséphine, et tout serait fini : il ne resterait plus rien des Bories d'autrefois.

Un soir, en rentrant, il eut un coup au cœur quand il aperçut un homme occupé à charrier des pierres dans la venelle. Il s'approcha, remarqua des muscles déliés, pleins de vigueur, de longues jambes flexibles, et fut frappé par la jeunesse de l'étranger qui, surpris, sursauta.

— Qu'est-ce que vous faites ? demanda Antonin.

— Je déblaie le chemin.

— Pour quoi faire ?

Le jeune homme hésita un peu et, souriant, déclara :

— Pour accéder à ces murs.

— Vous les avez achetés ?

— Eh oui, ça vous étonne ?

Si ça l'étonnait ? Antonin n'en croyait pas ses oreilles.

— Vous allez habiter ici ?

— Mais oui, avec femme et enfant, dès l'année prochaine.

Antonin suffoqua : une indicible joie mêlée d'espérance coula en lui, dont la violence, après des jours et des jours de désespoir, le laissa sans voix.

— Ma femme et moi avons appris le tissage. Comme nous aimons les grands espaces, nous ouvrirons un atelier ici dans quelques mois.

Un atelier ? Était-ce possible ? Et tout recommencerait donc ? Antonin se souvint du tisserand et de son métier, de la laine filée, des grands draps de chanvre sur les cailloux de la rivière, toute une somme de sensations lui revinrent en mémoire, bouleversantes ; il sentit l'odeur de la laine brute étalée dans les greniers, entendit le murmure du métier pendant les belles journées de printemps, les rires des femmes qui portaient leur ouvrage dans de grandes corbeilles. En un instant, le monde de sa jeunesse revécut devant lui, sa pauvre figure dévorée par la barbe s'illumina.

— Vous n'êtes pas de la région ?

— Non, je suis de Paris. Ma femme aussi, mais elle ne me rejoindra pas avant le printemps. Cette année, nous ne passerons pas l'hiver ici ; nous devons gagner un peu plus d'argent avant de reconstruire.

Reconstruire ? Antonin imaginait l'atelier, le travail journalier, une nouvelle race d'artisans prêts à s'enraciner, à recommencer ce que les premiers habitants du plateau avaient entrepris en arrivant, il y avait bien longtemps.

La nuit tombait sur les deux hommes. Un brouillard se posa sur les yeux de Laforgue, qui détourna la tête pour le cacher à son compagnon. Il le salua, repartit vers sa demeure, après s'être assuré que le Parisien reviendrait bien le lendemain.

— Je couche chez des parents, à Martel, je serai là demain, à la première heure, dit ce dernier.

Il revint, en effet, tout l'automne, jusqu'à l'arrivée du froid, et Antonin se sentit revivre. Début décembre, la gouttière de sa maison éclata sous l'effet du gel, la température descendit jusqu'à moins dix degrés. Antonin fit chauffer des briques dans l'âtre qu'il glissa, le soir avant de se coucher, entre son matelas et ses couvertures. Dès le matin, il allumait de belles flambées dans le cantou, s'asseyait près du feu, songeant à la venelle débarrassée de ses gravats, aux murs remontés de l'ancienne maison Plandieu.

Le 5 décembre, il reçut une lettre de la direction départementale des domaines l'avisant que le tribunal avait fixé à trois mille francs l'indemnité pour la parcelle expropriée. Le lendemain, comme il était dans l'étable des chèvres occupé à refaire leur litière, il entendit un grand bruit sur la route qui monte à la placette. Il sortit aussitôt, s'avança jusqu'au bord du versant et regarda : une demi-douzaine de camions, de bulldozers et d'engins à chenilles s'échelonnaient, progressant lentement, dans un grondement de maisons qui s'effondrent. Quand le dernier camion eut disparu dans l'ultime lacet, Antonin descendit vers la placette, où les véhicules étaient alignés, énormes et menaçants. Certains s'étaient déjà avancés entre les genévriers le long d'un ancien chemin de pâturage où se trouvaient des piquets hauts d'un mètre : le tracé de la nouvelle route. Près d'eux, un petit homme vêtu d'un manteau de fourrure donnait des ordres, d'une voix presque inaudible. Une pelle mécanique se mit en route : les mâchoires de fer cognèrent contre le rocher dans un bruit de ferraille tordue, puis la mince pellicule de terre se souleva, le premier genévrier éclata dans un sinistre craquement. En un instant, Antonin fut transporté soixante ans en arrière, quand les arbres des forêts du Nord éclataient sous les obus ; à chaque choc de la pelle sur le sol, il lui semblait que c'était son corps qui subissait, et qu'en fermant les yeux il sentait sous ses pieds la boue des tranchées, entendait le cri des blessés. Il avait envie de partir, mais ses jambes ne lui obéissaient plus.

Un premier camion s'approcha de la pelle pour

recueillir des morceaux de rocher qui se détachaient du socle comme des lambeaux de peau, chutaient dans la benne qui tremblait sous l'impact. Antonin s'habituait peu à peu au vacarme, malgré une douleur tenace dans sa tête. D'autres pelles et d'autres camions se mirent en action. Un noyer fut arraché par un bulldozer. L'arbre s'ouvrit, son écorce creva, ses racines soulevèrent des cailloux qui roulèrent à dix mètres du tronc...

Antonin resta sur le chantier jusqu'à midi, malgré ses yeux rendus douloureux par la lumière. Quand les moteurs se turent, les ouvriers partirent déjeuner. Il remonta le chemin, vacillant sous le poids d'une souffrance trop forte pour être tout à fait ressentie. Il revint cependant l'après-midi et les jours suivants, surveillant la progression du chantier, s'approchant de plus en plus malgré les protestations des chefs d'équipe pourtant habitués à sa présence. Une force le poussait à venir, dont il ne savait la provenance. Peut-être se détruisait-il ainsi, en même temps que les sentiers où il guettait les lièvres, les bosquets de chênes nains, les touffes de sauge, les genévriers, les murs de lauzes.

Il songea souvent, la nuit, à décrocher son fusil et à tirer sur les engins pour retarder leur marche destructrice, mais une petite lumière veillait tout au fond de lui, encore vacillante mais précieuse, celle de l'espérance née avec l'arrivée du jeune Parisien. Il savait confusément qu'un nouveau feu couvait sous les cendres du village et qu'il assisterait peut-être à son éclat, pourvu qu'il sache attendre. Ce fut sa consolation et son réconfort. Jamais, sans cela, il n'aurait résisté au spectacle de sa parcelle de terre éventrée par les engins. Ceux-ci finirent par s'éloigner des Bories pour gronder en plein causse, dans les bois de chênes nains.

Dix jours avant Noël, le village se repeupla. La famille du pharmacien et de l'industriel s'installèrent pour les fêtes, et ce fut un défilé ininterrompu de voitures remplies de paquets cadeaux. Depuis deux semaines, Antonin toussait et ne parvenait pas à se réchauffer, malgré les flambées joyeuses du cantou. Là, il songeait aux veillées de Noël d'antan, à la main chaude de sa mère lorsqu'ils marchaient sur les sentiers gelés. Autour d'eux, des bêtes dérangées se mussaient dans les taillis, il sursautait. Quelquefois la neige tombait, ensevelissant le plateau, et la mère disait :

— Dépêchons-nous, on se perdrait.

Il avait peur, s'accrochait aux mains de la pauvre femme qui finissait par les porter dans ses bras, chacun leur tour, Antoinette et lui.

Trois jours avant Noël, il reçut la visite de Joséphine Vergne vêtue de noir. Il eut du mal de la retrouver ainsi, tant elle avait maigri. Elle s'assit en face de lui, près du foyer, et dit en sanglotant :

— Baptiste est mort hier ; on l'enterre demain à dix heures.

Antonin resta sans voix. Il offrit un peu d'eau-de-vie, puis demanda :

— Comment est-ce arrivé ?

— Ils ne m'avaient pas dit que c'était si grave. Baptiste non plus ne le savait pas... Si vous saviez comme il a souffert !

— Qu'est-ce que vous allez faire ? souffla Antonin au bout d'un moment.

— J'aurais bien voulu revenir, mais le fils n'est pas d'accord... Toute seule, vous comprenez...

— Je vis bien, moi !
— Vous avez l'habitude, soupira Joséphine.

Il n'insista pas, promit d'assister à l'enterrement du lendemain, après quoi il passa de longues minutes à nettoyer son costume.

La neige commença de tomber le 24 décembre au matin. A la nuit, un épais tapis recouvrait la cour et le toit des maisons qu'Antonin apercevait derrière ses vitres. Ce qui l'avait attiré au-dehors, malgré le froid, c'était le klaxon des voitures et cette atmosphère de fête qu'il avait ressentie en remontant du versant. Devant la maison du pharmacien trônait un sapin de Noël décoré de guirlandes ; de la musique s'était échappée par la porte à l'entrée des invités, tandis qu'Antonin passait. De retour chez lui, il considéra sa cuisine mal éclairée, le banc trop grand pour lui depuis si longtemps. Il prit trois bougies qu'il déposa sur la table : ainsi c'était plus gai. Il se mit à manger sa soupe, songeant au festin des autres, aux rires que, malgré les portes closes, le vent du nord apportait par instants.

Quand il eut terminé son repas, il s'assoupit au coin du feu puis s'éveilla en sursaut. Sans même se vêtir, il descendit, retrouva son poste d'observation derrière les volets mi-clos de la maison du pharmacien : dans l'immense pièce, des guirlandes multicolores pendaient des lustres ; des confettis flottaient dans l'air enfumé, lancés par poignées. Certains se posaient dans les cheveux des convives qui chantaient des chansons à boire en se tenant pas les épaules. Dans un angle de la pièce, près de l'arbre de Noël, des enfants assis sur des coussins regardaient la télévision dont on n'entendait pas le son. Antonin frissonna. Au-dessus de lui, les étoiles scintillaient dans un ciel déserté par les nuages. La neige, qui s'était arrêtée de tomber, commençait à geler. Il sentait à peine le froid posé sur ses épaules, tant il participait à la fête.

Bientôt les femmes emportèrent les enfants au premier étage, pendant que les convives repoussaient les tables contre les murs, de la musique monta d'un électrophone et des couples se formèrent pour danser. Pour Antonin, le temps parut s'arrêter. Il pesa davantage contre le mur, car ses jambes tremblaient sous lui. Il lui sembla, un peu plus tard, que les formes qui s'agitaient dans la pièce devenaient floues, mais une sorte d'ivresse le contraignit à regarder.

Vers quatre heures du matin, les étoiles s'éteignirent. Antonin sentit le vent se lever, mais le froid demeura aussi vif. Les danseurs riaient, s'étreignant dans une ronde folle qui donna à Antonin l'impression de tourner aussi. La fête se poursuivit jusqu'au matin. Les enfants furent alors réveillés et poussèrent des cris de joie devant les cadeaux posés au pied du sapin. Antonin sentit brusquement le froid et s'aperçut que la neige s'était remise à tomber. Des portières de voiture claquèrent dans le matin glacial. Alors, lentement, il rentra chez lui, ses souliers dérapant sur la neige qui l'aveuglait, tandis qu'une brûlure naissait dans sa poitrine, comme si une lame en fer-blanc l'avait traversé de part en part.

Joséphine le trouva alité le jour de Noël. Montée aux Bories pour y chercher des effets personnels, elle avait tenu à le remercier pour sa présence à l'enterrement de Baptiste. Comme Antonin délirait, elle avait prévenu son fils, afin qu'il appelle un docteur, avait attendu l'arrivée de celui-ci et donné au malade les échantillons de médicaments laissés gracieusement par le médecin. Elle était revenue pendant deux jours pour soigner Antonin, mais le fils s'était lassé de l'amener. Comme le malade allait un peu mieux, elle lui avait écrit sur son calendrier ce qu'il devait prendre et promis de monter le dimanche suivant. Cependant, le 29 décembre au matin, Antonin ne put se lever. Enfoui sous son édredon de plumes, il s'exhortait à mi-voix.

— Faut te lever, bon Dieu, tes chèvres !

Mais, sitôt debout, fauché par l'effort, il retombait et perdait la notion du temps. L'après-midi, des bruits sur le chemin le tirèrent de son inconscience. Il tenta d'appeler mais ne reconnut pas sa voix brisée par la fièvre. Un peu plus tard, il perçut le klaxon connu d'une voiture, appela encore, mais sa voix s'éteignit dans la chambre où le froid était aussi vigoureux qu'au-dehors. Il s'endormit...

Dans l'école, le poêle tirait mal. Le maître entreposait au fond de la classe les bûches amenées par chaque élève le matin, mettait à cuire quelques pommes de terre pour ceux qui ne rentraient pas chez eux à midi. Sur les chemins, Antonin croisait des chars pleins de paille sur laquelle un fermier somnolait. Des bœufs rouges les tiraient avec application, naseaux fumants, un cache de toile sur les yeux, les cuisses couvertes d'une croûte brune. Il escaladait les troncs nus qui trahissaient les nids, à la recherche de la vie sauvage dont il avait deviné la présence ténébreuse pendant les saisons de verdure. Quelle douceur avait bercé son enfance ! Quelle insouciance dans le grand vent lors de ses escapades qui le laissaient sans force, comme aujourd'hui, sous l'effet du froid...

Des cris le réveillèrent. La nuit s'était installée sur

le causse balayé par le vent du nord, donnant aux bruits une résonance particulière qu'Antonin connaissait bien : quelqu'un marchait sur le chemin. Il fallait se lever au plus vite. Il repoussa ses couvertures et, vacillant, atteignit la cuisine. Il prit ensuite son élan pour gagner la porte, où il se reposa quelques instants. Il ouvrit, se tint appuyé contre le mur, tandis qu'un air glacé lui fouettait le visage. Il se lança dans l'espace découvert, finit par atteindre le portail après deux longues minutes d'effort. Il vit en un éclair les cheveux blonds d'un enfant qui lui tendait les bras, puis il avança vers les lumières, eut l'impression qu'elles fusaient vers lui, connut un éblouissement qui coula dans son corps comme une eau glacée. A trente mètres des maisons, il tomba à genoux. Une violente douleur éclata dans sa tête. Pareil à une grande herbe fanée, il se coucha dans la neige.

Conclusion

AUJOURD'HUI

Aujourd'hui ? Antonin est mort depuis déjà quelques années et les villages de nos causses n'en finissent pas d'agoniser dans le silence d'un hiver éternel. Un monde achève ainsi de s'enfoncer dans les marécages du temps. Là-bas, dans le vent bleu, les volets des maisons ne s'ouvrent plus que l'été, poussés par des mains citadines et manucurées, quelquefois étrangères. Rares sont les survivants, qui n'attendent plus rien, sinon une improbable lettre de leurs fils trop lointains. Quelques jeunes motorisés hantent les ruelles deux ou trois fois l'an, escortés par des Michael Jackson branchés sur piles. Des écolos de banlieue jouent à allumer des feux dans les cheminées trop grandes pour eux et s'étranglent en toussant... C'est ainsi. Nul n'y peut rien.

Parfois je me demande à quoi bon remuer le passé, à quoi bon faire revivre ceux qui savaient que le vent a un parfum, le pain une saveur et la vie un sens. N'est-ce pas se vouloir passéiste ? Car on ne peut nier que grâce au progrès on guérit aujourd'hui des enfants qui, jadis, seraient morts, y compris ceux d'Éthiopie et du Sahel qui, eux, n'auraient peut-être pas vécu une semaine. Mais je crois surtout que ce siècle ne sera pas celui de la bombe, ni celui de deux guerres mondiales, ni celui du cancer, ou des ordinateurs, pas même celui des famines. Non, ce siècle restera pour l'humanité celui où soudain les dimensions de l'espace et du temps ont considérablement changé : le premier s'est rétréci, le second s'est accéléré. C'est pourquoi nous sommes perdus si nous ne nous retournons pas quelquefois, car nous ne saurons plus d'où nous venons, ni où nous vivons, ni qui nous sommes vraiment.

Pour les enfants de la génération de l'abondance dont je suis (vingt ans en 1968, très probablement quarante en 1988), Antonin, Adrien et Philomène étaient des grands-parents, ou des grands-oncles et tantes. Nous ne devons pas oublier leur regard ébloui, leur fragile beauté de vieillards fatigués, car ils sont les fanaux d'une route incertaine, qu'un vent fou menace d'éteindre. Ces hommes que la guerre de 1914 a jetés sur les chemins pour un combat absurde n'ont jamais accepté les atrocités découvertes. Ces femmes qui ont assuré la permanence des familles sans désespérer, comme c'était leur devoir, et peut-être leur destin, n'ont jamais abdiqué. Tous ont vécu debout, ne se couchant que pour mourir. Et malgré nos diplômes universitaires, malgré nos bureaux directoriaux, nos appartements feutrés, notre culture aseptisée, je crains que nous ne soyons petits. Pauvre Antonin, pauvres Philomène et Adrien ! Si vous saviez de quel prix se paie parfois le droit de vivre dans les villes de verre et de béton ! Heureusement, vous ne le saurez jamais. La roue du temps a basculé sur un avenir dont vous êtes absents. C'est pour que se perpétuent vos existences, que nul ne vous oublie jamais, que j'ai écrit ce livre. Car je crois que pour pousser haut, les arbres, comme les hommes, ont besoin de racines profondes et vigoureuses. C'est seulement si on sait cela que l'on a des chances de résister aux tempêtes du temps.

Aussi, les jours où la vie s'emballe et m'emporte malgré moi, ces jours où je parle du matin jusqu'au soir à des êtres que je ne vois même pas, ces jours où tout va trop vite, où je cherche à retenir les secondes qui filent entre mes doigts, ces jours, enfin, où j'ai très froid, comme aujourd'hui en écrivant ces lignes, je me console en pensant au sang qui coule dans mes veines. C'est celui d'Antonin, de Philomène et d'Adrien. Il me suffit de fermer les yeux pour les deviner dans l'ombre, pour les entendre et pour savoir que là-bas, dans leur éternité où même les pierres savent chanter, ils veillent sur moi.

le 16.2.1986
Christian Signol.

Cet ouvrage a été réalisé par la
SOCIÉTÉ NOUVELLE FIRMIN-DIDOT
Mesnil-sur-l'Estrée
pour le compte de Éditions Laffont
en août 1990

Imprimé en France
Dépôt légal : septembre 1990
N° d'édition : 32832 – N° d'impression : 15498